Barbara Schwepcke

Aung San Suu Kyi – Heldin von Burma

HERDER / SPEKTRUM

Band 4697

Das Buch

Sie hat Würde und Charme. Sie ist intelligent und eloquent. Sie steht für den gewaltlosen Widerstand gegen das Militärregime von Burma. Sie lebt unter Hausarrest, und man will sie immer wieder zur Ausreise drängen – doch Aung San Suu Kyi bleibt in ihrem Land. Sie kämpft mit ihren wenigen, aber wirksamen Mitteln gegen die Diktatur und für Demokratie und die nationale Unabhängigkeit. Ihr gehören die Sympathien des Volkes und der Welt. Sie ist zum weltweiten Symbol dafür geworden, was Frauen bewirken können. Barbara Schwepcke, die sie persönlich kennenlernte, erzählt hier ihr Leben, das so eng mit der Geschichte ihres Landes verwoben ist. Ihr Vater, der für die Unabhängigkeit des Landes gekämpft hatte, wird von politischen Rivalen ermordet, als sie zwei Jahre alt ist. Suu geht erst in Rangun zur Schule, dann in Delhi. Sie studiert in Oxford, wo sie ihren späteren Mann kennenlernt. Als ihre Mutter 1988 schwer erkrankt, kehrt Suu nach Rangun zurück. Sie wird an die Spitze des Volksaufstandes gegen den Militärmachthaber Ne Win gespült. Aung San Suu Kyi wird mehrere Jahre unter Hausarrest gestellt, und auch heute kann sie sich nicht frei bewegen. Die Trägerin des Friedensnobelpreises (1991) wird systematisch abgeschirmt. Doch Barbara Schwepcke gelang es, sie zu besuchen. Das Porträt eines gepeinigten Landes und die lebendige Biographie einer modernen Heldin.

Die Autorin

Barbara Schwepcke, Dr. phil., ist Managing Director des englischen Magazins *Prospect*. Ihr Spezialgebiet ist die politische Situation in Ostasien. Darüber berichtet sie für verschiedene Medien in Deutschland, u. a. *Focus*. Sie lebt in London.

Barbara Schwepcke

Aung San Suu Kyi – Heldin von Burma

Das mutige Leben der Friedensnobelpreisträgerin

Herder
Freiburg · Basel · Wien

Gedruckt auf umweltfreundlichem,
chlorfrei gebleichtem Papier

Originalausgabe

Satz: Rudolf Kempf Emmendingen
Herstellung: Freiburger Graphische Betriebe 1999
Umschlaggestaltung: Joseph Pölzelbauer
Umschlagfoto: © action press
ISBN 3-451-04697-0

Inhalt

Immer wieder im Juli 7

19. Juli 1947 13
Tränen für den Vater 13
Bogyoke Aung San zu Ehren 14
Verhandlungen mit den Briten 16
Wer ermordete Aung San? 20

Chrysalis 24
Monsun 24
Die Leseratte 28
Rollenvorbilder 31
Suu Burmese 33
New York 36

Entfaltung 41
Michael Aris 41
Mein Land und meine Leute 43
Kyoto und die Suche nach den Spuren des Vaters 55
Indien und die Studie über Kolonialismus 66

8. 8. 88 81
Ein Abend wie jeder andere 81
Tochter Burmas 83
Die magische Zahl Acht 86
Am Fuß der Schwe-Dagon-Pagode 89
Die Armee schlägt zurück 93
Die Nationale Liga für Demokratie 98
Der Pfad des Pfaues 99

Im Hafen der Liebe und Fürsorge 101
Freiheit von Furcht 103

20. Juli 1989 109
Rangun, den 20. Juli 1989 109
Padasari 112
Die Pflichten des Herrschers 117
Wahlen 120
Die Gedanken sind frei 123
Die ersten offiziellen Besucher 126
Ermächtigung als Grundlage für Frieden und Entwicklung 130
Rangun, den 10. Juli 1995 133

10. Juli 1995 137
Nach dem Hausarrest 137
Briefe aus Burma 139
Ein Jahr „Freiheit" 144
Normales Leben 154
„Operation Anarchie" 157
50 Jahre danach: Besuch bei der Tochter Aung Sans 161
Zu einem Dialog gehören zwei 171
Einsamkeit ist egoistisch 172

Juli 1998 177
Festgesetzt 177
Die Lady läßt nicht locker 179
Propaganda und Gegenpropaganda 182
Die Zeitbombe tickt 185

Als Quellen benutzte Literatur 189

Zeittafel 190

Immer wieder im Juli

„Der Juli ist kein Monat, der die Poeten inspiriert. Vielleicht regt er deshalb nicht die Phantasie an, weil er mit seiner Gewöhnlichkeit so dazwischenfällt, gefangen zwischen dem hübschen, sommerlichen Monat Juni und dem glorreichen Sommermonat August", schreibt Aung San Suu Kyi in ihren *Briefen aus Burma*. „Ich kann mich an kein einziges Gedicht erinnern, das dem Juli gewidmet ist, außer einem gräßlichen, das ich als Klassenarbeit in meiner Schule in Delhi schrieb und das mit den Worten ‚Im Juli, dem Monat des Regens und des Staubes . . .' begann. Zu dieser Jahreszeit hat der Monsun in Nordindien gerade begonnen, und die Staubstürme der heißen Trockenzeit haben sich noch nicht ganz verzogen.

Aber dieser langweilige Zwischenmonat Juli ist der Monat der bedeutungsvollen Jahrestage: Bastille-Tag, der amerikanische Unabhängigkeitstag und die Juli-Verschwörung gegen Hitler. Auch in Burma ist der Juli bemerkenswert für die Anzahl der bedeutenden Ereignisse der modernen Geschichte unseres Landes, die sich in diesem Monat jähren."

Der wichtigste Jahrestag ist der 19. Juli. An jenem Tag im Jahre 1947 wurde Aung San ermordet, der Freiheitsheld Burmas, auf den so viele Hoffnungen gesetzt waren, nicht zuletzt die seiner jungen Familie. Seine Kleinste, sein Augenstern, Suu Kyi, war ganze zwei Jahre alt, als der Vater eines Tages im Juli nicht mehr nach Hause kam.

Fünfzehn Jahre später wird eine demokratisch legitimierte Regierung durch einen Militärputsch zur Seite gefegt. General Ne Win übernimmt die Macht. Die Studenten an der Universität von Rangun rebellieren. Seit den Tagen der Unabhängigkeitsbewegung war der Campus eine Hochburg der politisch aktiven jungen Leute gewesen. Am 7. Juli eröffnet das Militär das Feuer auf die Studenten. Am Tag darauf wird ihr Studenten-Unionsgebäude gesprengt. Niemand weiß genau, ob es vorher geräumt worden war.

Über ein Vierteljahrhundert vergeht: Wieder führen Studentenunruhen zu historischen Umwälzungen. Am 23. Juli 1988 tritt auf einem Sonderparteitag der Burmesischen Sozialistischen Programm-Partei (BSPP) unter dem Druck der Studenten die gesamte Führung der Partei zurück. So auch General Ne Win. Die BSPP hatte 26 Jahre lang das Land dominiert, von der Außenwelt abgeschirmt und so heruntergewirtschaftet. Die Weigerung der BSPP, ihr autoritäres Regime freiwillig aufzugeben, war der Anlaß für die landesweiten Demonstrationen und Massenproteste, die als der Anfang der Demokratiebewegung in Burma gesehen werden müssen. Das Volk war des Diktators überdrüssig. Und das Volk erhob sich im Juli 1988.

„Der Juli ist auch für mich persönlich ein ereignisreicher Monat", erklärt Suu Kyi. „Am 20. Juli 1989 wurde ich unter Hausarrest gestellt. Der erste Hinweis erreichte uns am frühen Morgen, als ein Nachbar uns berichtete, daß die ganze Straße voller Truppen sei. Kurz danach kam U Tin Us Sohn angefahren, um uns wissen zu lassen, daß sein Vater daran gehindert worden sei, seinen üblichen Morgenspaziergang zu machen. Das war der Anfang von sechs Jahren Haft.

Und dann, am 10. Juli 1995, wurde ich entlassen. Als U Aung Shwe, U Kyi Maung, U Tin U und ich uns an diesem Abend trafen, beschlossen wir, einfach da weiterzumachen, wo wir sechs Jahre zuvor aufgehört hatten, und mit der Arbeit fortzufahren. In meiner Erinnerung war es ein ruhiger, aber nicht besonders bedeutsamer Tag." Was so lapidar klingt, war in Wirklichkeit nicht so gemeint. Aung San Suu Kyi ist eine ungemein unprätentiöse Heldin.

Dieses Buch wird sich mit Aung San Suu Kyis Jahrestagen beschäftigen. Soweit es möglich ist, wird sie selbst zu Wort kommen. Oder das Reden wird denen überlassen, die ihr nahestehen. Meine Hoffnung ist, daß die Leser ihr so näher kommen, auch wenn sie weit weg in Burma verharrt, ihrer Heimat, die sie nicht wieder verlassen will, bis es ein freies und demokratisches Land ist. Ihre eigenen Worte werden sie so zeigen, wie ich sie Anfang 1997 kennenlernte.

Aung San Suu Kyi braucht keine Fürsprecher. Sie ist intelligent und eloquent. In ihren Worten spiegelt sich ihre Würde und ihr Charme besser, als wenn andere versuchen würden, ihn zu beschreiben. Möge der Tag näher rücken, an dem sie wieder reisen kann und die Welt sie so sehen wird, wie sie mir in ihrem Haus an der University Avenue in Rangun gegenüber saß. Sie ist die beste Vertreterin ihres Landes im Ausland und knüpft somit an die Tradition an, die mit ihrem Vater begann, Burmas Nationalhelden, der gekrönte Häupter, Staatsmänner und Generäle so beeindruckte, daß er seinem Land die Unabhängigkeit einbrachte; an die Tradition, die sich in ihrer Mutter fortsetzte, die die erste weibliche Botschafterin ihres Landes war. Aung San Suu Kyi ist schon jetzt die Hoffnung ihrer Nation, ein Licht im Dunkeln, das bis weit über die Grenzen ihres Landes hinausscheint. Sie ist eine außergewöhnliche Frau, die ich kennenlernen durfte. Dies ist ihre Geschichte, in ihren eigenen Worten.

Sie beginnt mit einer Beschreibung des Mannes, der sie am meisten beeinflußte, ohne daß sie ihn wirklich kannte: einer Beschreibung ihres Vaters. Als Grundlage diente eine kleine Biographie, die Aung San Suu Kyi über ihren Vater schrieb und die in einer Serie über die Führungspersönlichkeiten Asiens erschien, die die Universität Queensland (Australien) 1984 herausbrachte. Sie ist bemerkenswert unsentimental und erstaunlich objektiv. Die Beschreibung Aung Sans ist äußerst wichtig, weil Aung San Suu Kyi auch deshalb in die Fußstapfen ihres Vaters trat, weil sie ihm so ähnlich ist. Ihr späterer politischer Weggefährte U Tin U erinnert sich, daß ihm bei seinem ersten Treffen mit Aung San Suu Kyi am meisten auffiel, „wie sehr sie in ihrer Redeweise, ihrem Wesen, ihren Gesichtszügen und Gesten ihrem Vater glich. Sie war ihm in fast jeder Hinsicht ähnlich, für mich war sie sein weibliches Ebenbild." Und nicht nur für U Tin U, den ehemaligen General und jetzigen Kämpfer für die Demokratie, ist Aung San immer noch, auch über ein halbes Jahrhundert nach seinem Tod, die herausragende Persönlichkeit in Burmas Geschichte. Um Aung San Suu Kyi zu begreifen, muß man zunächst ihren Vater kennenlernen.

Was folgt, ist eine Beschreibung ihrer „Chrysalis-Periode", wie sie ihr späterer Ehemann Michael Aris nennt: jene Zeit, in der sich die kleine Raupe einpuppt und verborgen von der Außenwelt zu einem wunderschönen Schmetterling entwickelt. Nur wenige Einblicke sind möglich, lassen einen erahnen, was in dem Kokon vorgeht, welche Einflüsse entscheidend sind. Denn Aung San Suu Kyi ist eine sehr private Person des öffentlichen Interesses. Und so basiert dieses Kapitel auf den Worten anderer, einer Kommilitonin und einer mütterlichen Freundin. Doch in der Beschreibung ihrer strengen, aber ungemein imponierenden Mutter und ihres Einflusses auf die Entwicklung ihrer Tochter, besonders auf der religiösen Ebene, kommt auch wieder Aung San Suu Kyi selbst zu Wort.

Das folgende Kapitel besteht dann fast nur aus ihren Worten. Es gibt aus ihrer Feder nichts Autobiographisches, sondern nur Essays und Monographien über die Geschichte, Kultur und Literatur ihres Landes. Aber in diesen Texten erkennt man auch die Persönlichkeit der Aung San Suu Kyi. Es kommt zum Ausdruck, was sie wichtig findet und deshalb hervorhebt. In diesen Worten entfaltet sich die Politikerin Aung San Suu Kyi, auch wenn sie von anderen Dingen handeln. In ihnen entfalten sich vor unseren Augen ihre politischen Überzeugungen, bevor sie in die Politik ihres Landes einsteigt. Sie sind sozusagen die Grundlagen, auf denen sie später bauen wird.

Und so ist der Boden bereitet für den Einstieg in die Politik: Aung San Suu Kyi kehrt nach Burma zurück, um ihre todkranke Mutter zu pflegen. Sie wird von der gewaltigen Woge der politischen Veränderungen an die Spitze der Demokratiebewegung gespült. Ihre Abstammung verleiht ihr den besonderen Vorteil, sofort erkannt zu werden. Ihre ernsthafte und entschlossene Haltung war gewiß ihres Vaters und dessen Ansehen beim burmesischen Volk würdig. Aber sie tat mehr und war mehr als nur die Tochter ihres Vaters: Sie bündelte die aus dem Ruder laufenden Kräfte, die nach Jahren der Frustration losgebrochen waren, gab ihnen durch ihre Worte, ihren Mut und ihre Persönlichkeit ein Vorbild, eine Leitschnur. Die Menschen vertrauten ihr, weil sie die Wahrheit sagte und keine Versprechungen machte. Sie sagte ihnen: „Ihr dürft nicht denken, daß ich imstande wäre, euch die Demokratie zu bringen. Ich muß euch offen sagen, ich bin keine Zauberin, ich verfüge über keine übernatürlichen Kräfte, mit deren Hilfe ich die Demokratie herbeiführen könnte. Nein, ich will euch in aller Deutlichkeit sagen, daß die Demokratie nur durch euch, durch euch alle verwirklicht werden kann . . . Ich kann euch nur den Weg dorthin zeigen aufgrund meiner Erfahrung, die ich im Ausland gewonnen habe, und weil ich eingehend die Schriften meines Vaters studiert habe, die er damals abgefaßt hat. Ich kann euch nur das Wissen und die Methoden vermitteln. Die Demokratie selbst läßt sich nur durch die Bemühungen der gesamten Bevölkerung erringen."

Sie strebte nicht nach Macht und wurde doch von den Mächtigen, die ihre Macht gefährdet sahen, verfolgt. Ungeachtet der Schikanen reist sie bis zu ihrer Verhaftung unermüdlich durch das Land und spricht mit den Menschen, hört ihnen vor allem zu. Ihr Parteifreund U Tin U sagte: „Sie besitzt Güte und Mitgefühl. Und obwohl sie äußerlich schwach wirkt, sind ihr Wille und ihre Entschlossenheit sehr stark."

Sechs Jahre Hausarrest ließen ihr Verständnis für die politischen, ökonomischen und sozialen Probleme weiter reifen. Sie beschreibt diese Zeit der Abgeschiedenheit als etwas gänzlich Undramatisches und Unspektakuläres. In diesem Kapitel kommt die Bescheidenheit der Aung San Suu Kyi am besten zum Ausdruck, mit der sie die Tatsache beschreibt, daß sie ihr „normales" Leben dem Kampf für die Demokratie in Burma opferte. „Ich muß wirklich betonen, daß sie keine gewöhnliche Frau ist", sagt U Tin U. „Sie ist zu einer höchst qualifizierten Führungspersönlichkeit herangewachsen, der die Menschen zutrauen, daß sie in Burma Frieden, Gerechtigkeit und Demokratie wiederherstellen kann."

Die abschließenden Kapitel beruhen unter anderem auf dem persönlichen Gespräch, das ich mit ihr führen konnte. Ich hoffe, daß ich sie so darstellen konnte, wie sie mir begegnete: aufrichtig, intelligent und direkt. Ihre Anmut kommt besser auf Bildern zum Ausdruck. Aber ihr Humor und die Schönheit ihrer Sprache (sowohl ihrer Muttersprache wie auch des geschliffenen Oxford-Englisch) kommen hoffentlich auch in der deutschen Übersetzung durch.

Ich danke all denjenigen, die mir halfen, dies zusammenzutragen, zu übersetzen und in lesbare Form zu gießen. Mein besonderer Dank gilt allerdings Aung San Suu Kyi. Ihre „Ersatztante" Ma Than E hat einmal gesagt, sie habe sich bei der Beschreibung von Aung San Suu Kyi nicht mit deren Schwächen beschäftigt: „Sie hat bestimmt welche. Wer auf der Welt hat schon keine? Aber es gibt Menschen, bei denen die Tugenden so sehr die Fehler wettmachen, daß die letzteren in der Summe des Ganzen wenig ausmachen, und zu jenen Menschen gehört Suu . . . Sie steht für eine große Sache, aber hat auch die geistige, körperliche, moralische und spirituelle Kraft, den Kampf dafür zu führen. Möge ihr der Sieg gehören."

19. Juli 1947

Tränen für den Vater

In Burma erzählt man sich, daß eifersüchtige Geister einem Baby einzureden versuchen, daß seine Mutter tot ist. Das Baby ist gerade an der Brust der Mutter gestillt worden und weiß deshalb, daß dies alles nur böse Worte böser Geister sind. Und deshalb lächelt es, glücklich und geborgen. Ein Lächeln, das alle um es herum erfreut. Außer die bösen Geister, die ihm keine Ruhe lassen. Sie flüstern: „Dein Vater ist tot!" Und das Baby, das seinen Vater noch nicht kennt, glaubt ihnen und weint.

„Ich war zwei Jahre alt, als mein Vater starb", erinnert sich Aung San Suu Kyi. „Ich glaube mich zu erinnern, daß er mich immer auf den Arm nahm, wenn er nach Hause kam. Aber dieser Erinnerung mag auch ein wenig nachgeholfen worden sein. Vielleicht erinnere ich mich nur daran, weil so viele Menschen mir das immer wieder erzählt haben." Wieviel erinnert eine Zweijährige wirklich? Eines Tages kam der Vater nicht mehr nach Hause. Von dem politischen Hintergrund und der Gerichtsverhandlung, die folgte, bekam die Kleine nur wenig mit. Aber an jenem 19. Juli brach eine Welt zusammen und begann für Aung San Suu Kyi, die stolz den Namen ihres Vaters trägt, die Suche nach ihm. Sie bestürmte ihre Verwandten, ihr von ihm zu erzählen. Und sobald sie selber lesen konnte, las sie alles, was sie über ihn finden konnte. Später lernte sie sogar Japanisch, um in den Archiven in Tokio Recherchen über ihren Vater anzustellen. „Sie hat niemals auch nur für eine Minute vergessen, daß sie die Tochter von Burmas Nationalhelden Aung San war", äußerte ihr späterer Ehemann Michael

Aris. „Manche würden sagen, sie war wie besessen von dem Bild des Vaters, den sie nie kannte." Und deshalb beginnt diese Geschichte über Aung San Suu Kyi mit der Geschichte ihres Vaters.

Bogyoke Aung San zu Ehren

Am Morgen des 19. Juli 1947 braut sich ein Gewitter über der burmesischen Hauptstadt zusammen, als sich Aung San kurz nach Tagesanbruch auf den Weg in die Stadt macht. Dunkle schwere Monsunwolken hängen tief am Himmel. Der Tag verspricht wieder schwül und heiß zu werden. Der 32jährige Aung San, Held des Unabhängigkeitskampfes, hat seine Uniform des *Bogyoke,* des Generals, abgelegt. An jenem Morgen trägt er ein weißes kragenloses Hemd unter der steifen Seidenjacke und einen goldfarbenen Seiden-*Longyi,* den traditionellen knöchellangen und vor dem Bauch geknoteten Rock der Burmesen. Er hat nicht gefrühstückt: Im burmesischen Monat *Wagaung* fasten gute Buddhisten. In diesem Monat kommt der Monsun, überschwemmt die Reisfelder und verspricht eine üppige Ernte.

Vor dem Zweiten Weltkrieg war Burma die Kornkammer Asiens. Die Briten hatten sich das reiche Land, das seine Bevölkerung *Shwe Pyi Daw,* das Goldene Land, nennt, im 19. Jahrhundert in drei Feldzügen angeeignet. Anfang des 20. Jahrhunderts formiert sich der nationale Widerstand gegen die Kolonialherren. An der Universität Rangun versammeln sich Aktivisten. Unter ihnen befindet sich der Student Aung San. Sie nennen sich *Thakin,* Meister, weil das der Titel ist, mit dem Burmesen die britischen Kolonialherren ansprechen müssen. Als der Zweite Weltkrieg ausbricht, geht Aung San in den Untergrund. Der Versuch, mit den chinesischen Kommunisten Kontakt aufzunehmen, schlägt fehl; statt dessen fällt Aung San in die Hände der Japaner, die in ihm eine Chance sehen, die Briten aus Burma zu verjagen und so einen Angriffspunkt auf Indien zu ergattern. Sie versprechen, die Burmesen in die

Unabhängigkeit zu entlassen. Aung San wird militärisch ausgebildet und gründet mit Gesinnungsgenossen im japanischen Exil die *30 Kameraden*, den Grundstock der burmesischen Armee, die als Vorhut der Japaner von ihren Landsleuten begeistert begrüßt wird, als sie Ende 1941 in ihre Heimat einmarschieren. Im März 1942 fällt Rangun an die Japaner.

Doch in den bergigen Randgebieten hält sich vereinzelt Widerstand. Burmesische Truppeneinheiten treffen auf bewaffnete Karen, eine der ethnischen Minderheitengruppen Burmas. Aung San ist besorgt. Schon 1940 hatte er in seinem Plan für Burma, den er den Japanern präsentiert hatte, betont, daß „Brücken über die Klüfte gebaut werden müßten, die aufgrund britischer Machenschaften zwischen der burmesischen Mehrheit und den Bergvölkern existieren, den Arakans und dem Shan-Staat, und daß alle in einer Nation vereint werden müssen, mit derselben Behandlung für alle".

Die Ernüchterung beim Umgang mit den Japanern setzt bei Aung San sehr schnell ein. Sie betonen alles andere als asiatische Verbrüderung und lassen die Burmesen schon bald spüren, daß sie die neuen Meister im Goldenen Land sind. Im März 1943 wird Aung San zum Generalmajor befördert und vom japanischen Kaiser in Tokio mit dem „Orden der aufgehenden Sonne" ausgezeichnet. Die Delegation kommt aus Japan mit einem Stück Papier zurück, das in Aung Sans lakonischen Worten besagt, „daß Burma am 1. August 1943 seine Unabhängigkeit erhält und wir eine Reihe von Abkommen schließen werden und so weiter und so fort".

Kurz nach seiner Rückkehr trifft er sich mit einigen Gleichgesinnten, um zu besprechen, wann und wie sie gegen die Japaner vorgehen sollten. Er stimmt zögerlich zu, daß die Zeit noch nicht reif sei. Nach außen hin baut er eine Fassade auf, wird sogar Kriegsminister im ersten Kabinett des unabhängigen Burma. Aber schon im November meldet ein britischer Offizier, der in den burmesischen Bergen Partisanengruppen aufbaut, daß „ein gewisser Aung San der burmesischen Verteidigungsarmee plane, seine Truppen gegen die Japaner einzusetzen, sobald sich die Möglichkeit dazu ergebe".

Im März 1945 erheben sich die burmesischen Truppen gegen die Japaner. Am 17. März hatte Aung San noch eine Parade in Rangun angeführt und dann seine Einheiten „zu Manövern“ aus der Hauptstadt abgezogen. Zehn Tage später bricht im ganzen Land der Aufstand los. Britische Truppen hatten zu diesem Zeitpunkt bereits den Irawadi überquert. Doch die Burmesen hatten sich zum Widerstand entschlossen, bevor sie irgendwelche festen Zusagen der Alliierten erhalten hatten. Erst am 15. Mai trifft Aung San General Slim in dessen Hauptquartier. Er stellt sich als Repräsentant der burmesischen Übergangsregierung vor und verlangt den Status eines alliierten Kommandanten. Der junge Burmese gewinnt den Respekt und die Bewunderung des Briten durch seine realistische, kooperative und äußerst ehrliche Art: „Der größte Eindruck, den er auf mich machte, war Ehrlichkeit. Er teilte nicht leicht hingesagte Versprechen aus und ließ sich nur zögerlich auf etwas festlegen. Aber ich hatte den Eindruck, daß er, wenn er etwas zugesagt hatte, dann auch Wort halten werde“, so General Slim. Unter dem gemeinsamen Druck der Alliierten und der Burmesen gibt die japanische Front bald nach. Und am 15. Juni marschieren burmesische Einheiten an der Seite der Briten und ihrer Verbündeten in der Siegesparade durch Rangun. „Der Widerstand gegen die Japaner war zu Ende“, schreibt Aung Sans Tochter Suu Kyi: „Dies war die größte Stunde der burmesischen Nationalisten, als ideologische Differenzen und persönliche Überlegungen für das Wohl aller hintangestellt wurden.“ Im August 1945 nannte sich Aung Sans politische Gruppierung in Anti-Faschistische Volksfreiheitsliga (AFPFL) um.

Verhandlungen mit den Briten

Aung San hatte ein offenes Ohr beim Oberbefehlshaber der britischen Truppen in Asien gefunden: „Mountbatten verstand, daß mein Vater ein Faktor war, den man in Burma nicht außer acht lassen konnte“, erzählte später seine Tochter. „Er akzeptierte auch, daß die burmesische Armee für die Alliierten von beträchtlichem Nutzen sein konnte." Mountbattens politische Vorgesetzte in London waren alles andere als begeistert. Außenminister Anthony Eden schrieb an Premierminister Winston Churchill: „Bestimmt sollten wir diese Leute nicht so aufbauen. Sie werden uns später Ärger machen." Churchill war ganz seiner Meinung. In seinen Tagebüchern schrieb er: „Ich hoffe, Mountbatten mischt sich nicht in burmesische Politik ein." Zu spät. Im September 1945 verhandeln Aung San und Mountbatten in Kandy mit dem Resultat, daß die Patriotischen Burmesischen Streitkräfte in einer neuen burmesischen Armee unter britischer Führung aufgehen. Aung San selbst beschließt, den Armeerock abzulegen und mit politischen Mitteln für die Unabhängigkeit seines Landes zu kämpfen. Diejenigen Veteranen seiner Streitkräfte, die sich nicht der neugegründeten burmesischen Armee anschließen wollen, faßt er in der Volksfreiwilligen Organisation (PVO) zusammen. Die PVO und ihre paramilitärischen Züge sind den britischen Behörden alles andere als sympathisch. Man hat die Befürchtung, Aung San könne seine Meinung ändern und zu militärischen Mitteln zurückkehren, um die Unabhängigkeit zu erstreiten. Er selbst läßt diese Fragen offen, betont aber immer wieder, daß die PVO nur dazu da sei, „mit Regierungsstellen und anderen Behörden und der Bevölkerung generell zu kooperieren und ihnen bei der Ausmerzung von Verbrechen und bei der Aufrechterhaltung von Recht und Ordnung zu helfen".

Nicht alle Briten sind von Aung San so angetan wie der spätere Vizekönig Indiens, Lord Mountbatten, und General Slim. Mitglieder der britischen Kolonialverwaltung vor dem Krieg sehen ihn als Opportunisten, gar als Verräter. Der Gouverneur Burmas, Sir Reginald Dorman Smith, zum Beispiel, der während des Krieges nach Simla geflohen war und dort „mit seinem Kopf in den Wolken eine sehr, sehr theoretische Verfassung für Burma entworfen hatte, die einfach nicht funktionieren konnte", wie ein enger Mitarbeiter später zu Protokoll gab. Dorman Smith wollte zum Status quo ante zurückkehren. Aung San stand dabei im Weg. Dieser sei „ein seltsamer Bursche. Ich glaube, er hat nicht alle Tassen im Schrank.

Er hatte immer schon ein stürmisches Wesen. Führte Studentenstreiks an und so was. Er ist bestimmt nicht groß genug, um dieses Land zu führen, nicht so wie zum Beispiel der erste Premierminister des Herrschaftsgebiets." Und damit meinte Smith natürlich seinen alten Freund U Saw. Dorman Smith ließ U Saw aus einem Internierungscamp in Uganda entlassen und nach Burma zurückbringen. Sein aide-de-camp, Eric Battersby, der mit dieser Mission betraut worden war, ist noch heute überzeugt, die Aktion sei „völliger Wahnsinn gewesen; U Saw hatte keinen Einfluß in Burma, er war ein Mann von gestern. Aung San hatte die Kontrolle."

Dorman Smith gab nicht nach. Er beschloß, Aung San durch eine Mordanklage zu diskreditieren. Während des Einmarsches der burmesischen Armee im Schatten der Japaner hätte Aung San eigenhändig einen Karen-Führer exekutiert. In der Tat waren 1942 viele Mitglieder der Karen-Minorität von Burmesen getötet worden, weil sie als britische Kollaborateure galten. Der Gouverneur ordnete Aung Sans Verhaftung an: „Dorman Smith wollte meinen Vater loswerden. Er dachte, er würde von der politischen Bühne verschwinden, wenn er ihm eine Mordanklage anhängen könnte. Es würde ihn beim Volk unbeliebt machen, und dann könnte er gegen ihn vorgehen, ihn einsperren. So sah er das, aber das zeigt nur, daß Dorman Smith keine Ahnung hatte, was in Burma wirklich los war."

Der neue britische Premierminister Clement Attlee ließ sich das Dossier über Aung San kommen und kam zu dem Schluß, daß Dorman Smith die Zügel entglitten seien, und berief den Gouverneur mit sofortiger Wirkung von seinem Posten ab. Er wird durch Generalmajor Sir Hubert Rance ersetzt. Dieser löst den alten Gouverneursrat auf. An seine Stelle tritt ein Exekutivrat, der einer Übergangsregierung ähnelt, für die sich Aung San so lange eingesetzt hatte. Aung San wird stellvertretender Vorsitzender und ist für Verteidigung und Auswärtige Beziehungen zuständig.

Im Dezember 1946 nimmt die AFPFL von Aung San die Einladung zu Verhandlungen mit der britischen Regierung über die Wiederherstellung eines unabhängigen souveränen burmesischen Staates an. Aung San reist als Delegationsleiter einer burmesischen Abordnung nach London. „Meine Kollegen und ich sind auf Einladung der Regierung Seiner Majestät nach London gekommen, um die Frage einer neuen Verfassung für Burma zu diskutieren", sagte er am 13. Januar 1947. „Unser Volk verlangt völlige Unabhängigkeit." Attlee war sehr beeindruckt und stimmte zu. Churchill schäumte auf der Oppositionsbank: „Ich hätte nicht erwartet, daß U Aung San, dessen Hände von britischem Blut und dem loyaler Burmesen rot gefärbt sind, die Stufen des Buckingham-Palastes als Bevollmächtigter der burmesischen Regierung emporsteigen werde."

Kaum zurückgekehrt, stürzt sich Aung San in das nächste scheinbar aussichtslose Unterfangen: Es gilt, die ethnischen Minderheiten mit der burmesischen Mehrheit zu versöhnen. Und auch hier ist er erfolgreich. Am 12. Februar 1947 unterzeichnen alle Gruppen eine Übereinkunft, gemeinsam mit der Mehrheit als Union Burma die Unabhängigkeit anzustreben. Die einzige Gruppe, die fehlt, sind die Karen, die unter der britischen Kolonialverfassung eine gewisse Autonomie genossen und dafür im Zweiten Weltkrieg treu für Großbritannien gekämpft hatten. Sie streben nun einen unabhängigen Staat an.

Direkt nach der Unterzeichnung des Panglong-Vertrages begibt sich Aung San auf eine außerordentlich strapaziöse Tour durchs Land. Überall, wohin er auch kommt, versammeln sich Massen, um „ihren Bogyoke" – der Titel, der früher seinen militärischen Rang bezeichnete, wird zu einem ehrenvollen Kosenamen – zu hören. Aung San ist kein guter Redner. Er verspricht keine Utopien. Aber er kann die Menschen davon überzeugen, daß er weder an Ideologie noch Macht interessiert ist. Seine Ziele sind die Einheit und Freiheit Burmas. Und die Menschen vertrauen ihm. Die AFPFL gewinnt eine überwältigende Mehrheit bei den Wahlen im April 1947. Politiker der Vorkriegszeit, wie zum Beispiel der ehemalige Premierminister U Saw, boykottieren die Wahl. Doch ihre Anschuldigungen, die AFPFL habe Druck auf die Bevölkerung ausgeübt, werden von der Wahlaufsichtsbehörde zurückgewiesen, die die Ergebnisse für eine faire Äußerung des Willens des Volkes hält.

Wer ermordete Aung San?

Am 19. Juli 1947 will Aung San im Exekutivrat den Diebstahl von 200 Maschinengewehren aus dem britischen Waffendepot in Rangun und das Verschwinden von größeren Mengen Munition zur Sprache bringen. Diese Situation könnte sich zu einer Sicherheitskrise ausweiten. Der angehende Premierminister eines unabhängigen Burma, der junge Held des Freiheitskampfes mit dem fein gemeißelten Gesicht, steigt in den Wagen ein. Der Chauffeur fährt langsam los und läßt bald das Grundstück an der Tower Lane in den üppig grünen Vororten an Ranguns königlichen Binnenseen hinter sich, biegt ab in Richtung Innenstadt. Im Sekretariatsgebäude angekommen, nimmt Aung San seinen Platz am Kopf eines U-förmigen Tisches in seinem Zimmer im Westflügel ein und begrüßt seine Kabinettskollegen. Die Sitzung beginnt. Es ist 10 Uhr 30.

Um 10 Uhr 37 schlägt die Tür auf, und bewaffnete Männer stürmen herein. „Nicht weglaufen! Sitzen bleiben!" brüllen die Eindringlinge. Als sich Aung San erhebt, gibt der Anführer den Befehl „Feuer!" Dreizehn Kugeln treffen Aung San. Nach dreißig Sekunden ununterbrochenen Schießens liegen vier weitere Ratsmitglieder, unter anderen Aung Sans älterer Bruder U Ba Win, tot am Boden. Zwei sind tödlich verwundet. Einen Staatssekretär, der kurz vor den Eindringlingen den Kabinettsraum betreten hatte, um Bericht zu erstatten, haben ebenfalls tödliche Schüsse getroffen. Die Attentäter brüllen *„Aung Byi! Aung Byi!"* – „Sieg! Sieg!" – und rennen aus dem Gebäude. Ein achtzehnjähriger Wächter, der sich ihnen in den Weg zu stellen versucht, wird ebenfalls niedergestreckt.

Thoke-thin-ye – die Beseitigung eines Rivalen durch Eliminierung, um die Krone an sich zu reißen und den Thron zu besteigen – hat Tradition in der burmesischen Geschichte.

„War Thakin Nu unter denen, die ihr erschossen habt", fragt U Saw, als die Mörder zu ihm zurückkehren. Doch die negative Antwort scheint den Alten nicht sonderlich zu beunruhigen. Das Hauptziel der Aktion war erreicht: Aung San, den der ehemalige Premier abwertend als „kleinen Jungen" bezeichnet hatte, war beseitigt. U Saw erwartete jede Minute einen Anruf des Gouverneurs. Er war überzeugt, daß Rance ihn bitten werde, ein Kabinett zu bilden. Alle anderen Politiker waren zu jung und unerfahren. Er dagegen war schon einmal Premierminister gewesen (1940–1942), war Besitzer und Chefredakteur einer Zeitung und Anführer einer Partei. Er hatte, so seine Meinung, die besten Beziehungen und war also offensichtlich der ideale Kandidat.

Doch der Anruf kommt nicht. Sir Hubert Rance bestellte U Nu, den ehemaligen Studentenführer und Parteifreund Aung Sans, zum stellvertretenden Vorsitzenden des Exekutivrats und somit zum Premierminister. U Nu war dem Gouverneur von der AFPFL empfohlen worden, die nach dem Tod ihres Führers in einer Krisensitzung die Nachfolgefrage diskutiert hatte. Und die AFPFL hatte schließlich die Wahlen gewonnen. Die Empfehlung galt also, und Rance entschied, den Witwen der Ermordeten finanzielle Unterstützung zukommen zu lassen. U Saw, der vergeblich auf einen Anruf gewartet hatte, schien immer noch entspannt und zuversichtlich, als die Polizei sein Anwesen umstellte und ihn und die Attentäter verhaftete.

Von Anfang an wurde spekuliert, die Attentäter seien von gewissen britischen Kreisen unterstützt worden. Für den Waffendiebstahl wurden zwei britische Offiziere verhaftet. Der eine, Henry Young, wurde später freigelassen. Der andere, Captain Vivian, brach aus dem Gefängnis aus, schlug sich zu den Karen durch und drohte offenbar schon aus dem Gefängnis der britischen Regierung, sie solle ihn sicher nach Großbritannien zurückbringen, wenn sie nicht wolle, daß er auspacke: „Wenn ich über die Fakten sprechen würde, gäbe es einen Riesenkrach zwischen den Brits und den Burmesen." Der BBC wurden im *Public Record Office* Unterlagen gezeigt, die ganz klar auf eine Verwicklung bestimmter britischer Kreise in die Ermordung Aung Sans hinwiesen. So unterrichtete der Polizeichef den britischen Botschafter, daß „wir jetzt fast sicher sind, daß es britische Mitwisserschaft beim Attentat gegeben hatte". Und der Polizeichef zeigte mit dem Finger beschuldigend auf einen Mann im fernen London: Sir Reginald Dorman Smith.

Der entlassene Gouverneur hatte sich in der britischen Hauptstadt mit einigen Gleichgesinnten aus konservativen Kreisen zusammengetan und die „Freunde der burmesischen Bergvölker" gegründet. Sie unterstützten die separatistischen Bestrebungen der Karen und waren vereint im Haß auf Aung San. Die „Freunde" steckten hinter dem Waffendiebstahl, den Captain Vivian arrangiert hatte. Die Waffen waren für einen bewaffneten Aufstand gegen die Regierung Aung Sans gedacht gewesen und wurden im See an der Grenze des Grundstücks eines alten Freundes von Dorman Smith gefunden: U Saw wurde verhaftet und vor Gericht gestellt. Dorman Smith bot an, für seinen Freund auszusagen, aber die britische Regierung riet ab. Als U Saw zum Tode verurteilt wurde, intervenierte Dorman Smith ein weiteres Mal. Wieder ohne Erfolg. U Saw wurde nervös und schrieb einen geheimen Brief an Vivian, der ebenfalls bereits im Gefängnis saß. In diesem Brief, der abgefangen wurde, fragte er, ob er nicht den „langen Herrn" einschalten könne. Vivian riet ab. U Saw wurde immer verzweifelter und schrieb an Major Young. Auch dieser Brief wurde abgefangen. Um den „langen Herrn" zu identifizieren, wurde dieses Mal eine positive Antwort vorgetäuscht. U Saw schrieb nun einen Brief an den British-Council-Repräsentanten in Rangun: John Stewart Bingley, einen „Freund der burmesischen Bergvölker".

Mit dem Brief konfrontiert, versuchte sich Bingley aus der Falle zu winden. Und auch den britischen offiziellen Kreisen wurde es jetzt zu heiß. Die Polizei erhielt Order, nicht weiterzugraben. Der Polizeichef widersetzte sich allerdings der Order und konfrontierte Bingley mit einem weiteren Brief U Saws, in dem dieser flehte, er „sei ein großes Risiko eingegangen – so wie beauftragt". Aber Bingley war nicht mehr zu fassen. Er berief sich auf seine diplomatische Immunität und verließ das Land. Die Akten des *Public Record Office* enthalten einen „Report über die britische Unterstützung durch die ‚Freunde der burmesischen Bergvölker' für subversive Aktivitäten in Burma". Das ist alles, was von der britischen Verstrickung in den Mord Aung Sans übriggeblieben ist. „Hätte mein Vater überlebt, dann hätte die Demokratie funktioniert und überlebt. Als wir ihn verloren, verloren wir auch unsere Chance, ein glückliches, demokratisches Burma aufzubauen", sagte Aung San Sun Kyi der BBC. Kurz nach Aung Sans Tod versank Burma in einen Bürgerkrieg, dessen Auswirkungen, nämlich die Herrschaft des Militärs, heute immer noch das Schicksal Burmas bestimmen. In diesem Land ist die Vergangenheit die Gegenwart: „Aber jeder bekommt eine zweite Chance. Wir müssen sie nur ergreifen."

Chrysalis

Monsun

„Das Wort ‚Monsun' klingt immer so schön, vielleicht weil wir Burmesen, die wir uns gerne in Nostalgie ergehen, die Regenzeit als die romantischste Jahreszeit betrachten", schreibt Aung San Suu Kyi in ihren *Briefen aus Burma.* Die dicken schwarzen Monsunwolken hängen immer dann am Himmel, wenn sich entscheidende Ereignisse in ihrem Leben jähren. Immer wieder im Juli. In Rangun bedeuten die Gewitterwolken das Ende der heißen Tage und den Beginn der schwülen Periode. Kein Wunder, daß man sich ermattet auf der Veranda romantischen Gedanken hingibt, während man in den prasselnden Regen starrt. Arbeit scheint nur in den relativ kühlen Morgenstunden möglich.

„Als Kind stand ich auf der Veranda des Hauses, in dem ich geboren wurde, und sah zu, wie sich der Himmel verdunkelte, und hörte den Erwachsenen zu, die beim Anblick der rauchigen Regenwolkenwand in Gefühlsseligkeit gerieten. Als dann der Regen als Stangen aus glitzerndem Kristall fiel, setzte eine musisch begabte Cousine zu einem Gesang an: ‚Oh, der goldene Regen ist braun', eine Zeile aus einem populären Lied. Ich konnte mich nie so recht entscheiden, ob die Worte poetisch oder nur komisch waren. Aber ich war bereit zu akzeptieren, daß sie eine angemessene Beschreibung waren, da ich oft Regentropfen gesehen habe, die goldene Funken sprühen, wenn auf sie ein Sonnenstrahl trifft, und sie sich dann vom Himmel in seinen braunen Schattierungen abheben. Ich war auch bereit, mich der Behauptung der Erwachsenen anzuschließen, daß der fallende Regen eine unbestimmte Sehnsucht nach vergangenen Zeiten weckt, auch wenn ich als Sechsjährige noch keine wirkliche Vergangenheit für mich in Anspruch nehmen konnte. Aber es erschien mir sehr erwachsen, einen sanft grauen Tag im Monsun mit dem angebrachten Ausdruck unerklärlicher Traurigkeit zu betrachten."

Die Traurigkeit, die Aung San Suu Kyi aus ihren Kindertagen beschreibt, spiegelt sich in den Augen ihrer Mutter aus jenen Tagen wider. Das Bild der strahlenden jungen Mutter, die ihren Helden über den Kopf ihrer drei kleinen Kinder anhimmelt, ist von einem Tag auf den anderen wie ausgewechselt. Die kleine Suu drängt ihre Mutter immer und immer wieder, ihr die Geschichte zu erzählen, wie die Mutter den Vater kennengelernt hatte. Die Liebesgeschichte von der resoluten Oberschwester und dem schüchternen Helden, der wie viele seiner Kameraden ermattet und von Malaria befallen ins Krankenhaus in Rangun eingeliefert wird, als er seine Truppen nach Burma geführt hatte. Der junge Held hatte nicht viel Erfahrung mit Frauen, hatte sogar die Kurtisane abgewiesen, die ihm seine japanischen Verbündeten zugeführt hatten. Seine ernste Miene und sein Ruf hatten die übrigen Krankenschwestern im heimatlichen Rangun zurückschrecken lassen. Aber Khin Kyi ist anders. „Die attraktive junge Frau von großem Charme behandelt Aung San mit Strenge, Zartheit und einem Sinn für Humor", schreibt später die Tochter. Der Held ist hingerissen. Ein halbes Jahr später heiraten die beiden. Das Hochzeitsphoto aus dem Jahr 1942 zeigt Aung San noch in japanischer Uniform. Beide sitzen artig nebeneinander auf einem Sofa, berühren sich nicht, lächeln kaum. Beide sind sie gefangen: Er in der Politik – sein Land hat nur einen Besatzer durch einen anderen vertauscht – und sie in der Tradition. Wie kurz war doch ihr gemeinsames Glück. Aber Aung San hatte mit Khin Kyi jemanden gefunden, „die nicht nur den Mut und die Wärme besaß, die er in seiner Lebensgefährtin suchte, sondern auch die Standhaftigkeit und Würde, um seine Ideale hochzuhalten, nachdem er von ihr gegangen war", schreibt Aung San Suu Kyi.

„Meine Mutter mußte wieder arbeiten gehen, als mein Vater starb", erzählt sie mir später, „also kümmerten sich mein

Großvater und meine Großtante und Tanten um uns, Großfamilie also im östlichen Sinn." Daw Khin Kyi gibt das Parlamentsmandat ihres Mannes, das ihr nach seinem Tod angetragen wird, bald wieder ab und widmet sich dem sozialen Dienst, steigt bald zu einer Art Ministerialdirektorin für Familie und Gesundheit auf. Es wird klar, daß Suu von beiden Elternteilen erblich vorbelastet ist, wenn es um die aufopfernde Fürsorge um den Nächsten geht. Aung San widmete sein Leben seinem Land und seinen Leuten; Khin Kyi ist mehr um das Individuum bemüht. Aber beide stellen ihre eigene Person dafür hintan.

Daw Khin Kyi zählt hohe Würdenträger, wie den späteren Obersten Richter U Myint Thein, zu ihren Freunden. Von allen Seiten umgibt die junge tapfere Witwe eine Aura von Respekt, Bewunderung und Zuneigung. Aber trotzdem kann es nicht einfach für Khin Kyi gewesen sein, sich selbst, die Kinder und das Vermächtnis Aung Sans nicht von irgendeiner Seite in den turbulenten Zeiten nach seinem Tod instrumentalisieren zu lassen. „Häufig benötigte sie physischen Mut, Geistesgegenwärtigkeit, Einfallsreichtum, Überredungskünste und diplomatischen Takt, um Situationen zu retten und ein Desaster abzuwenden", schreibt die Freundin der Familie, Ma Than E. „Die Geschichten waren zahlreich, die sie uns über solche Gelegenheiten erzählte, und Suu kannte sie alle. Selbst in ihrem Leben im Ruhestand brauchte sie Kraft und ein gutes Urteilsvermögen."

Daw Khin Kyi gab ihren Kindern ein Bewußtsein vom Vermächtnis ihres Vaters. Seine Kameraden und Mitglieder der Streitkräfte, die er gründete, suchen die Nähe zu der Familie ihres ermordeten Führers. Suu wird später sagen, daß sie in den Armen der Armee gewiegt wurde. Vor allem aber sind es Mitglieder der beiden Familien, ihre Schwestern und deren Familien und die Brüder Aung Sans, die die Lücke zu schließen versuchen, die der grausame Mord am *Bogyoke* in die Familie gerissen hat. „Ich glaube, ich habe viel mehr über meinen Vater von anderen Mitgliedern der Familie erfahren als von meiner Mutter, die ja wieder arbeiten ging", erinnert sich Suu.

Eine Freundin der Familie betont immer wieder, daß es Daw Khin Kyi war, die ihren Kindern den Sinn für burmesische soziale und moralische Werte vermittelte und sie streng im buddhistischen Glauben erzog: „Suu ist meiner Meinung nach ein vorbildliches Beispiel für das, was wir Burmesen als schicklich in bezug auf Kleidung, Anstand, Benehmen und Haltung ansehen. Um nur ein Beispiel zu nennen: Das Zeichen für Höflichkeit und Respekt gegenüber denen, die älter sind, auch wenn es nur wenige Jahre sind, ist eine leichte Verbeugung des Körpers beim Vorbeigehen. Zurückhaltung und Vornehmheit der Gestik, des Klangs der Stimme und der Auswahl der Worte, das alles zollt Respekt. Diese Züge sind in Suus Wesen eingegraben und geben ihrem Benehmen einen unmißverständlichen burmesischen Einschlag, eine entschieden und gewinnende burmesische Identität, die nie verwischt worden ist und die auch nach langen Jahren im Ausland noch so offensichtlich ist."

Vor allem ist es aber der Buddhismus und seine Regeln, die die Mutter Suu mit auf ihren Weg gibt. Als sie später gefragt wird, ob sie sich – so wie andere sie sehen – als ein weiblicher *Bodhisattva* begreife, als ein Wesen, dessen Ziel die Erleuchtung ist, die Vervollkommnung von Weisheit, Mitleid und Liebe in der Absicht, anderen dabei behilflich zu sein, die Freiheit zu erringen, wiegelt Aung San Suu Kyi ab: „Ach, um Himmels willen, ich bin weit entfernt von einem solchen Zustand. Und es erstaunt mich, daß Menschen denken, ich könnte so etwas sein. Ich fände es sehr schön, eines Tages ein Bodhisattva zu werden, wenn ich davon ausgehen könnte, überhaupt in der Lage zu sein, solche Höhen zu erreichen. Ich kann sagen, daß ich zu jenen Menschen gehöre, die darum bemüht sind, sich selbst weiterzuentwickeln und zu vervollkommnen, aber ich gehöre nicht zu denen, die ein Bodhisattva-Gelübde abgelegt haben, und dafür bin ich auch nicht die Richtige. Ich versuche nur, gut zu sein", sagt Suu und lacht ihren Gesprächspartner, den ehemaligen buddhistischen Mönch Alan Clements, an. „Das ist die Erziehung durch meine Mutter. Sie hat besonderen Wert auf die Güte des Guten, um es mal so zu formulieren, gelegt. Ich will nicht behaupten, daß es mir immer gelingt, aber ich bemühe mich. Ich bin sehr leicht reizbar. Immerhin kann ich sagen, daß ich heute nicht mehr so schnell aufbrause wie früher. Meditationsübungen waren dabei sehr hilfreich. Aber wenn ich sehe, daß jemand heuchlerisch oder ungerecht ist, dann kann ich leider immer noch schnell sehr wütend werden."

Diese Meditationsübungen, die Suu erst während der Jahre ihres Hausarrests perfektionierte und von denen dann später noch einmal die Rede sein wird, geben ihr Kraft, die sie gegen jegliche Form von Korrumpierbarkeit schützt. „Die Meditation", so sagt sie selbst, „war eine Hilfe. Aber ich muß auf meine Eltern zurückkommen und auf die Art und Weise, wie ich erzogen worden bin. Meine Mutter hat immer großen Wert auf Ehrlichkeit und Rechtschaffenheit gelegt. Aber sie war nicht nur selbst aufrichtig und unbestechlich, sie vertrat auch mit Überzeugung die Werte meines Vaters. Demnach hat die Erziehung in diesem Punkt eine große Rolle gespielt. Es ist nicht so, daß ich diese Dinge nicht schon gewußt hätte, bevor ich mit dem Meditieren angefangen habe. Die Meditation hat mir dabei geholfen, an den Werten festzuhalten, die man mir schon als Kind vermittelt hat."

Die Leseratte

Suus „lange Jahre im Ausland" beginnen, als ihre Mutter als Botschafterin Burmas ins benachbarte Indien entsandt wird. Aung San Suu Kyi ist fünfzehn Jahre alt. In Rangun war sie auf die Methodisten-Schule gegangen, eine der berühmtesten, aber auch der strengsten Schulen Burmas. In Delhi besucht sie die Highschool und dann das Lady Shri Ram College, wo sie immer die Klassenbeste war. Eine Schulfreundin aus Suus Zeit in Delhi erinnert sich später, daß sie immer kerzengerade gesessen habe: „Suu klärte diejenigen auf, die aus Gewohnheit auf ihren Stühlen herumflezten, daß ihre Haltung eine Kindheit voll strengem Training und Disziplin symbolisiere."

In der Heimat wird die rechtmäßige Regierung entmachtet, und das Militär übernimmt die Führung. An der Spitze der Junta steht ein Mann, mit dem Aung San einst in Japan die burmesische Befreiungsarmee gründete. „Meine Beziehung zu diesem Regime war nie einfach", berichtet Aung San Suu Kyi später. „Es gab immer vereinzelte Mitglieder der Regierung, die eine so starke Liebe und Loyalität für meinen Vater empfanden, daß sie seine Familie mit Zuneigung und Respekt behandelten. Doch auf der anderen Seite gab es die, die, während sie den Namen meines Vaters für ihre eigenen Zwecke benutzten, niemals seine Prinzipien zum Wohle der Nation praktizierten. Unter ihnen sind viele, die auf unsere Familie eifersüchtig sind und die uns als Bedrohung ansehen." Ohne Namen zu nennen, war doch klar, wen Aung San Suu Kyi mit diesen Worten beschrieb. Ne Win, der neue Militärmachthaber, hatte schon Aung San um seine Stellung als Nationalheld beneidet. Aung Sans Tod war zwar nicht von ihm veranlaßt worden, kam aber seinen Plänen entgegen. Und nun, da er an der Macht war, wollte er sie sich nicht nehmen lassen. Erst recht nicht von Nachkommen des Mannes, den er beneidet hatte. Gegen die Verehrung Aung Sans konnte er nichts tun, aber er wollte sie sich zunutze machen. Die Menschen hatten den Gründer der burmesischen Armee geliebt, nun sollten sie diese Verehrung auf seine Nachfolger übertragen, die die Macht im Lande angetreten hatten. Er behauptete, daß das Militär im Sinne Aung Sans die Macht ergriffen hatte, um die Einheit Burmas zu bewahren, die durch die tumultuösen Zeiten der Demokratie gefährdet war. Doch in Delhi wächst eine junge Frau heran, die die Ziele Aung Sans anders auszulegen beginnt.

Ihre Mutter ist allerdings vorerst mehr darauf bedacht, daß ihre Tochter eine junge Dame wird. Sie bekommt Ikebana-Stunden, Klavierunterricht und lernt reiten. Die Reitschule ist der Treffpunkt für die Kinder hoher Beamter und Diplomaten, und Suu trifft dort auch die Enkelsöhne des Premierministers, Rajiv und Sanjay Gandhi. Ihr Großvater Jawaharlal Nehru hatte Suus Vater gekannt: Aung San hatte lange Gespräche mit dem Anführer der indischen *Congress Party* geführt, und die beiden Männer schätzten sich gegenseitig. Auch wenn sie nicht immer einer Meinung über die Methode waren, hatten sie doch das gleiche Ziel: Unabhängigkeit für ihre beiden Nationen. Nun, da Indien unabhängig ist, erweist der greise Premier der Witwe seines Gesinnungsgenossen von damals eine besondere Ehre: Sie bekommt ein schönes Haus mit einem riesigen, üppigen Garten in der Akbar Road unweit seiner eigenen Residenz zugewiesen, das von der indischen Regierung instand gehalten wird. Sie nimmt einen besonderen Platz im diplomatischen Corps Neu-Delhis ein.

Aber Suu ist wenig an der High Society und ihren Gepflogenheiten interessiert. Ihre Liebe gilt den Büchern. Der Journalist U Ohn, ein politischer Weggenosse ihres Vaters und späterer burmesischer Botschafter in Moskau, ermuntert die Leseratte. Er schenkt ihr Bücher als Mitbringsel bei seinen Besuchen und schickt ihr lange Listen mit Lesestoff auf Burmesisch und Englisch. Ihre besondere Vorliebe gilt den Detektivgeschichten: „Meine Einführung in dieses Genre erfolgte wie bei so vielen durch Sherlock Holmes. Ich war etwa neun Jahre alt, als mich ein Vetter mit der Geschichte vom *Blauen Karfunkel* völlig begeisterte", erzählt Suu. „Meine Kindheitsvorliebe für Sherlock Holmes nahm auch dann nicht ab, als ich aufhörte, von Detektivgeschichten zu sprechen, und anfing, Krimis zu lesen." Und mit etwas Sehnsucht nach vergangenen unbeschwerten Tagen in der Stimme fügt sie hinzu: „Einige der entspannendsten Wochenenden, die ich jemals genossen habe, waren die, die ich im Bewußtsein der getanen Arbeit ruhig in einen Krimi vertieft verbracht habe." In Delhi träumt sie davon, selbst einmal Schriftstellerin zu werden. Die besten Krimis, so ihre Meinung, werden von Frauen geschrieben, hauptsächlich von Engländerinnen. „Wenn ich wieder dafür Zeit habe, würde ich mir gerne Rätsel durch den Kopf gehen lassen", schreibt sie, als das Leben sie in andere Bahnen als die schriftstellerische Laufbahn gelenkt hat. „In der Zwischenzeit gibt es genügend Komplexität in der burmesischen Politik, um die Vorliebe für das Entwirren von Intrigen zu befriedigen."

Rollenvorbilder

In Mehrauli, das zu jener Zeit am Stadtrand von Neu-Delhi lag, befand sich ein buddhistisches Zentrum, das nach Jahren der Vernachlässigung etwas heruntergekommen war. Daw Khin Kyi macht es sich zur Aufgabe, dieses Zentrum wieder aufzubauen, und spannt dafür die Buddhisten um sie herum ein, besonders die Botschafter buddhistischer Länder. Bald erstrahlt das Zentrum in neuer Pracht, und buddhistische Feiertage können angemessen begangen werden. Bei dieser Arbeit stützt sie sich zunehmend auf ihre Tochter. Das Haus in der Akbar Road wird zu einem Refugium für buddhistische Mönche aus Burma, Thailand und Kambodscha, die das Zentrum in Mehrauli mit neuem spirituellem Leben erfüllen. Die Unterhaltungen mit diesen heiligen Männern vertiefen Suus Kenntnisse und ihre Spiritualität, die ihr später im Leben die Kraft geben wird, die sie braucht, um die Widrigkeiten zu meistern, die das Militär Burmas ihr in den Weg stellen wird.

Bilder aus jener Zeit in Delhi zeigen ein ernstes, fast trauriges Kind. Ihr Gesicht zeigt bereits Züge ihrer Schönheit, sie sind jedoch noch jugendlich rundlich. Ihre Augenbrauen laufen aufeinander zu, als ob sie fragend die Stirn runzele. Ein Photo, das 1965 in der Residenz ihrer Mutter in Delhi aufgenommen ist, zeigt Suu in einem prachtvollen *Longyi* und der traditionellen kragenlosen Bluse unter dem Porträt ihres Vaters. Die Ähnlichkeit zwischen den beiden ist schon damals unverkennbar: Beide blicken ernsthaft, fragend den Betrachter des Photos an, doch sind ihre Gesichter in verschiedene Richtungen gewandt. Das Bild symbolisiert eine Veränderung in Suus Leben: Obwohl sich Suu kaum an ihren Vater erinnern kann, sind doch die Erinnerungen seiner Mitstreiter und seiner Familie und die Legenden, die sich um ihn ranken, eine nie versiegende Quelle der Inspiration für die junge Frau. Und doch entwickeln sich ihre Ideale in eine andere Richtung als die des Gründers der burmesischen Armee. Während ihrer Zeit in der indischen Hauptstadt beginnt sich Suu für das Leben und die politische Philosophie von Mahatma Gandhi zu interessieren. Ihre Bewunderung für seine Prinzipien des gewaltlosen Widerstandes nimmt stetig zu: „Gandhi, dieser große Apostel der Gewaltlosigkeit, und Aung San, der Gründer einer nationalen Armee, waren sehr verschiedene Persönlichkeiten", schreibt Aung San Suu Kyi später in ihrem Essay *Frei von Furcht (Freedom from Fear)*, „aber die Herausforderungen einer autoritären Herrschaft entsprechen sich unausweichlich, wann auch immer sie auftauchen; und so entsprechen sich auch die Qualitäten derjenigen, die sich diesen Herausforderungen stellen." Suu ist überzeugt, daß beiden Männern gemeinsam war, andere Menschen inspirieren zu können. Diese Führungsqualität hatten sowohl Gandhi wie ihr Vater: „Nehru, der glaubte, daß es Gandhis größte Leistung war, den Menschen in Indien Mut einzuflößen, war ein politischer Modernisierer, aber als er die Bedürfnisse einer Unabhängigkeitsbewegung des 20. Jahrhunderts studierte, griff er auf die Philosophie des alten Indien zurück: Das größte Geschenk an ein Individuum oder eine Nation ist *abhaya,* Furchtlosigkeit, nicht nur körperlicher Mut, sondern auch die Abwesenheit von Furcht in den Gedanken."

Wie groß muß die Furchtlosigkeit sein, wenn man sich dem gewaltlosen Widerstand gegen Ungerechtigkeit und Willkürherrschaft verschrieben hat! Gandhis Prinzipien werden später noch durch die ähnlichen Richtlinien der politischen Aktivitäten des Martin Luther King verstärkt, mit denen sich Aung San Suu Kyi in ihrer Zeit in den USA beschäftigen wird. In der jungen Frau reifen Einstellungen, die ihr Leben später entscheidend beeinflussen werden. Nach ihren politischen Vorbildern befragt, antwortet sie drei Jahrzehnte später: „Ich würde nie wagen, mich mit irgend jemandem zu vergleichen. Ich glaube, ich habe nicht ein einziges Vorbild. Natürlich war mein Vater sehr wichtig, aber ich respektiere auch die Führer der indischen Unabhängigkeitsbewegung. Doch ich respektiere und bewundere auch Menschen wie Nelson Mandela, Václav Havel und Martin Luther King. All die Führer, die geholfen haben, die Systeme in ihren Ländern in bessere und gerechtere zu verwandeln." Und viele von ihnen, wie ihr Vater und Martin Luther King, wurden ermordet, starben für die politischen Veränderungen, die sie initiiert hatten. „Ja, genau wie Gandhi", erwidert darauf Aung San Suu Kyi. „Ich glaube, es ist nicht ungewöhnlich, daß die Anführer revolutionärer Bewegungen umgebracht werden." Aber hat sie nicht Angst, ebenfalls umgebracht zu werden? „Nicht besonders. Ich denke nicht besonders viel darüber nach. Wenn mich Leute danach fragen, finde ich es schwierig, darauf eine Antwort zu geben. Nicht daß ich leichtsinnig wäre oder glauben würde, daß mir nichts passieren könne. Aber wenn mir etwas zustößt, dann stößt mir eben etwas zu, und es hilft überhaupt nichts, sich darüber Gedanken zu machen."

Suu Burmese

Der britische Botschafter in Delhi ist zu jener Zeit ein alter Bekannter der Familie: Paul (später Lord) Gore-Booth. Er hatte zuvor dieselbe Position in Rangun innegehabt, und seine Frau Patricia hatte sich mit Daw Khin Kyi angefreundet. Als Suu beschließt, zum Studium nach England zu gehen, versprechen die Gore-Booths der besorgten Mutter, die ihr letztes Küken aus dem Nest fliehen sieht, sich um sie zu kümmern. Suu wird wie eine Tochter im Haus der Gore-Booths aufgenommen, sie ist wie eine Schwester für ihre zwei Töchter und zwei Söhne. Sie trifft interessante Diplomaten und Politiker und saugt die Atmosphäre in sich auf. Und sie trifft einen jungen Mann, der trotz seiner so unterschiedlichen Statur ihr im Wesen so ähnelt: Michael Aris, ein Student wie sie in Oxford.

In den Ferien besucht Suu ihre Mutter in Delhi. Einen Sommer verbringt sie bei Ma Than E, einer Freundin der Familie, die in Algier am United Nations Information Centre arbeitet: „Suu kam einige Tage, nachdem Houari Boumedienne in einem außergewöhnlichen und unblutigen Coup Ahmed Ben Bella gestürzt hatte", erzählt Ma Than E. „Sie war viel mehr daran interessiert, was im Land geschah, als an den vielen Parties, zu denen sie eingeladen war . . . Wir nahmen mit einer algerischen Organisation Kontakt auf, die mehrere Hilfsprojekte für diejenigen unterhielt, die unter dem langen Kampf gelitten hatten. Ein junger Mann, der ein solches Projekt leitete, berichtete, daß Algerier und junge Männer und Frauen aller Nationalitäten willkommen seien und helfen würden, Häuser für die Witwen der Freiheitskämpfer zu bauen. Suu lebte und arbeitete mehrere Wochen lang in diesem Camp."

Zurück in Oxford fällt sie mit ihrer Ernsthaftigkeit unter den anderen Studentinnen des St. Hugh's College auf. Die *Swinging Sixties* mit ihren langen Haaren und kurzen Röcken haben auch in den verstaubten akademischen Elfenbeinturm Einzug gehalten. „In dieser Umgebung war Suu herrlich antithetisch, ein Original, das zugleich lächerlich naiv und wirklich unschuldig war", erinnert sich ihre Kommilitonin Ann Pasternak Slater. „Alle meine Erinnerungen an sie aus jener Zeit haben immer wiederkehrende Elemente: Sauberkeit, Entschlossenheit, Neugier und eine wilde Reinheit. Wie sehe ich sie? Mit gerunzelter Stirn unter ihrem Pony, schockierter Unglaube und Mißbilligung: ‚Aber Ann! . . .'"

Für die in Oxford geborene und aufgewachsene Ann ist Suu exotisch. Sie beobachtet, wie die Burmesin ungerührt an ihren Traditionen festhält und sich nicht von der Mode der Zeit mitreißen läßt. Ganz im Gegenteil. Suu bringt Ann das *Longyi*-Tragen bei, wie man Reis grazil mit den Fingern ißt und wie man sich anständig auf den Boden setzt. Ann kreiert einen neuen Namen für ihre Freundin: ‚Suu Burmese'. „Es war ein Nachname, ein Titel, nicht ein untergeordnetes Adjektiv. Nicht ‚Burmese Suu', wie Chicago Pete, sondern Suu Burmese, wie Caius Martius Coriolanus, der Titel, den er gewinnt, als er Corioli einnimmt. Ich habe den Namen nie in ihrer Anwesenheit gebraucht, aber er verkörpert alles, was sie repräsentiert."

Für Ann war Suu eine „orientalische Traditionalistin in Reinform". Auf der anderen Seite erschien sie doch neugierig, begierig, die für sie fremden europäischen Marotten ihrer Kommilitonen zu erleben, und „strebte nach diesem Wissen mit einer liebenswert beharrlichen praktischen Veranlagung".

So zum Beispiel lernt sie den typischen Oxforder Zeitvertreib, das *Punting* oder Stocherkahnfahren: Suu zog eines Morgens los und kam klatschnaß, aber triumphierend am selben Abend zurück. *Punting* war gemeistert, und zwar im traditionellen burmesischen *Longyi.* Für das andere Oxforder Muß – Fahrradfahren – mußte der *Longyi* einer weißen Jeans weichen. Dies war Suus einzige Konzession an die westliche Mode.

Andere Moden wurden ausprobiert und dann für immer abgehakt, wie etwa das Eindringen ins College nach der Sperrstunde. Irgendwie gehörte es zum Studentenleben dazu. „Nach zwei spröden Jahren in Oxford wollte Suu auch einmal des Nachts ins College einsteigen. Also bat sie einen sehr anständigen indischen Freund, sie zum Essen auszuführen und ihr dann – wie es sich für einen Gentleman ziemt – über die bröckelnde Gartenmauer des Colleges zu helfen. Kein Verstoß gegen die Universitätsregeln hätte mit mehr Anstand begangen werden können." Genauso verhielt es sich mit dem Alkohol: „Ganz am Ende ihres abschließenden Jahres und unter strengster Geheimhaltung kaufte sie eine Miniaturflasche – Sherry? Wein? – und zog sich mit zwei etwas aufgeklärteren Inderinnen als Geburtshelferinnen und Zofen bei diesem Ritual in die Damentoilette der Bodleian-Bibliothek zurück. Dort, zwischen den Waschbecken und Kabinen, in einem Umfeld, das mit Absicht die Geschmacklosigkeit der Erfahrung widerspiegeln sollte, probierte sie Alkohol und wies ihn für immer zurück."

Die drei Jahre am St. Hugh's College in Oxford schließt Suu mit einem Bachelor of Art in Philosophie, Politik und Volkswirtschaft ab. Sie arbeitet danach für kurze Zeit als Forschungsassistentin an der Londoner Universität.

Sein Win, der frühere Korrespondent der *Associated Press* und ein enger Vertrauter ihres politischen Rivalen Aung Gyi, erzählt beinahe jedem ausländischen Journalisten, der nach Rangun kommt, daß sich Aung San Suu Kyi in ihrer Oxforder Zeit in einer radikalen Studentenbewegung engagiert habe. Das Gegenteil ist der Fall: Im Gegensatz zu einer anderen Tochter Asiens, Benazir Bhutto, die ihrem Vater in die studentische

Politik folgt und Präsidentin der Oxforder *Student Union* wird, tritt Suu nicht in die Fußstapfen ihres Vaters, der sich als Student an Streiks und Protesten gegen die britischen Kolonialherren beteiligte und seine ersten Schritte als politischer Aktivist in seinen Studententagen tut. Ebenfalls im Gegensatz zu Benazir Bhutto, die in ihrer Zeit in Oxford die islamische Kleiderordnung über Bord wirft, mit einem spritzigen kleinen Sportwagen durch die Landschaft braust und generell das westliche Highlife genießt, ist Aung San Suu Kyi mehr am akademischen Leben interessiert. Sie nimmt an Seminaren über südasiatische Kultur teil, schreibt und liest viel und ist häufiger in der Bibliothek anzutreffen als auf Parties oder Demos.

New York

Nach dem Studium verbringt Aung San Suu Kyi kurze Zeit mit der Lehre und der Forschung, hauptsächlich für den Historiker Hugh Tinker. Ein Freund der Familie, der mehrere Jahre in Burma verbracht und gerade sein Buch *Burma: From Kingdom to Republic* herausgebracht hatte, lockt sie nach New York: Frank Trager, Professor für Internationale Politik an der New York University, versucht sie zu überreden, bei ihm zu promovieren.

Die ausgehenden sechziger Jahre sind die Zeit der Studentenunruhen in Nordamerika und Europa. Junge Leute, Suus Altersgenossen, gehen auf die Straße und bekunden ihre Sympathie für Nord-Vietnam. Doch Aung San Suu Kyi bleibt den Demonstrationen fern. Im Gegensatz zu anderen Asiaten, wie dem Pakistaner Tariq Ali, läßt sie sich nicht von der Verbrüderung mit Asiaten vereinnahmen, die gegen „amerikanische Imperialisten" kämpfen.

Sie studiert vielmehr, was in den Vereinigten Staaten selbst vor sich geht, wie die weißen Amerikaner mit ihren schwarzen Brüdern und Schwestern umgehen, wie die Bürgerrechte der Minderheit mit Füßen getreten werden. Hier entdeckt sie viel mehr Parallelen zu ihrem Heimatland, als sie Sympathien mit dem Vietkong entwickeln kann. Burma kämpft nicht mehr gegen ausländische Imperialisten. Zwei Jahrzehnte später wird sie zu Füßen der Schwe-Dagon-Pagode in Rangun erklären, daß ein zweiter Unabhängigkeitskrieg ausgefochten werden muß: ein gewaltloser Kampf um Menschenrechte und Demokratie. In ihrer Zeit in den Vereinigten Staaten beobachtet sie aus nächster Nähe den gewaltlosen Kampf der schwarzen Amerikaner für ihre Bürgerrechte. Knapp ein Jahr nach Suus Ankunft in New York wird Martin Luther King, eines ihrer Vorbilder, ermordet. Seine Lehren der Gewaltfreiheit und die Gandhis werden sie ihr Leben lang begleiten, nicht die Flower-Power-Gedankenmodelle der Hippie-Generation.

Aung San Suu Kyi wohnt in Manhattan bei Dora Than E, die sie liebevoll ihre „Notfall-Tante" nennt. Ma Than E, oder Fräulein Than E, war in den dreißiger Jahren eine berühmte burmesische Sängerin und eine Freundin Aung Sans. Für Suu stellt sie nicht nur eine Verbindung zu ihrer Heimat, sondern auch eine zu ihrem Vater dar. Sie kann weitere Puzzlesteine zu dem Bild hinzufügen, das sich Suu aus Erzählungen ihrer Familie und aus Berichten anderer über ihren so jung gestorbenen Vater schafft. Suus Mutter hatte ihr nur wenig über ihren Vater erzählen wollen; vielleicht weil es für die junge Witwe zu schmerzhaft war; aber vielleicht auch, weil sie voll und ganz damit beschäftigt war, ihre Familie, die im Zentrum der Aufmerksamkeit stand, heil durch die politisch stürmischen Zeiten zu steuern, die auf die Ermordung ihres Mannes folgten. Dora Than E konnte ihr noch ein wenig über den Mann hinter dem Politiker erzählen.

Die beiden Frauen sprechen burmesisch miteinander. In ihrem „Burmesischen Zuhause auf Manhattan" wird burmesisch gekocht. Und die „Notfall-Tante" verschafft Suu ihren ersten wirklichen Job: „Der Weg zur New York University bedeutete eine lange Busfahrt von unserer Wohnung in der Mitte von Manhattan, und das war eine Tortur für Suu, der es beim Busfahren immer schlecht wird. Außerdem war sie auf der Busfahrt durch den Park zum Washington Square und auch in ihren Vorlesungen einigen üblen Burschen ausgesetzt. Die

UNO war nur sechs Minuten Fußmarsch von uns entfernt. Warum sollte sie sich nicht dort um einen Job bemühen und später studieren? Nach Bewerbungen, Empfehlungen, Interviews und den üblichen Verzögerungen und Schwierigkeiten war Suu drin. Sie arbeitete dort drei Jahre lang, die letzten beiden als Teil eines kleinen, ausgewählten Stabs, auf den sich das *Advisory Committee on Administration and Budgetary Questions* bei seinen Verhandlungen und Aktivitäten stützt."

Ma Than E (so die burmesische Schreibweise ihres Namens) war kurz zuvor aus Algier zurückgekehrt. Nun verbindet die beiden Frauen ihre Arbeit für die UNO. In ihrer Freizeit arbeitete Suu zusätzlich als Freiwillige im Belleview-Krankenhaus. Hier enden die Ärmsten der Armen New Yorks, die unheilbar Kranken und die, für die das Leben in der Metropole zu unerträglich geworden ist. Suu hilft, wie und wo sie kann. Wie selbstverständlich opfert sie ihre freien Stunden. Sie hatte sie von frühester Jugend an vorgelebt bekommen, die Nächstenliebe und Aufopferung für andere. Das Erbe ihrer Mutter, der sozial engagierten Krankenschwester, macht sich bemerkbar. Ihr Leben lang wird Suu sich um Alte und Kranke kümmern, wird ihr eigenes Leben hintanstellen, um anderen zu helfen.

Der UN-Generalsekretär ist zu jener Zeit ein Burmese: U Thant, ein kultivierter Mann, in dessen Haus in Riverdale, direkt am Hudson gelegen, Ma Than E und Aung San Suu Kyi willkommene und häufige Gäste sind. Er umgibt sich gerne mit Burmesen und ist ein fabelhafter Gastgeber. Ganz Diplomat, läßt er sich nur selten auf politische Diskussionen ein. Doch das wird wettgemacht von den exzellenten burmesischen Gerichten, die bei solchen Gelegenheiten gereicht werden.

Suus Name und Herkunft läßt sie schon damals aus der Zahl der in New York lebenden Burmesen herausstechen. Dies wird offensichtlich, als der burmesische ständige Gesandte U Soe Tin die beiden Frauen zu einem Mittagessen in sein Privathaus einlädt. Eine Delegation aus Rangun ist angekommen, und sie wollen Suu kennenlernen. Der Gesandte ist den beiden als ein sonst „liberaler Typ bekannt, der uns nicht in

Schafe und Ziegen unterteilte. Ziegen waren diejenigen, die man der Kritik an dem, was in Burma unter dem Ne-Win-Regime geschah, verdächtigte und die normalerweise strikt ausgegrenzt wurden", erinnert sich Dora Than E. Aber an jenem Tag erscheint der Gesandte den beiden verändert, nervös. Sonst konnte man in seinem Haus frei sprechen, „diskutieren, debattieren und streiten, auch mal heftig, aber immer ohne böse zu werden". An jenem Tag ist der ansonsten so nette und höfliche U Soe Tin verschüchtert. Als die beiden eintreffen, ist das große Wohnzimmer mit Blumen geschmückt, als sei es für ein offizielles Meeting hergerichtet: Die Sofas sind an die Wand gerückt, und vor ihnen stehen große Tische. Fast alle Plätze sind bereits besetzt. Trotz ihrer Pünktlichkeit scheinen alle nur auf Suu und Dora gewartet zu haben. Suu wird den ihr unbekannten Generälen vorgestellt und nimmt an einem Ende des Zimmers Platz.

„Mir wurde klar, daß die Gesellschaft vorhatte, über Suu Gericht zu sitzen. Aber warum? Ich wußte es einfach nicht." Die arme Dora leidet Höllenqualen. Der Leiter der Delegation, Colonel Lwin, eröffnet den Angriff: Wie kommt es, daß Suu für die UNO arbeite? Welche Art Paß benutze sie? Nachdem ihre Mutter nicht mehr Botschafterin sei, habe Suu ihren Diplomatenpaß abzugeben. Stimme es, daß sie das nicht getan habe? Sie müsse sich doch bewußt sein, daß sie so gegen das Gesetz verstoße.

„Die ganze Gesellschaft hörte dieser Tirade mit speichelleckerischer Unterwürfigkeit zu, schaute Suu an und murmelte Zustimmung. Suus Ruhe und Fassung wirkten auf mich sehr beruhigend. Sie antwortete mit großer Würde und sehr ruhiger Stimme", berichtet Dora. Sie habe sich schon vor langer Zeit um einen neuen Paß bei der Botschaft in London bemüht, aber bis jetzt noch keine Antwort erhalten. Sie sei zum Studium nach New York gekommen und habe zu diesem Zweck ihren alten Paß benutzt. Um überleben zu können, habe sie Arbeit finden müssen, und sie habe Glück gehabt, daß die UNO ihr einen Job gegeben habe. Dort habe sie ebenfalls den Paß benötigt, um beweisen zu können, daß sie Burmesin sei.

Sie warte immer noch darauf, daß die Londoner Botschaft ihr einen neuen Paß schicke, und dann sei sie gernc bereit, den alten herzugeben. „Sie sei sicher, daß die Onkel im Raum verstehen würden, daß man einen Paß benötige, um in einem fremden Land zu leben und zu arbeiten. Sie sprach sehr höflich und in exquisitem Burmesisch."

Der Botschafter aus London fühlte sich genötigt, aufzustehen und zu erklären, daß Suu in der Tat vor einigen Monaten um einen neuen Paß nachgesucht habe. Wie üblich, sei der Antrag nach Rangun weitergesandt worden. Er könne sich auch nicht erklären, wie es zu der Verzögerung gekommen sei. Allen im Raum war klar, daß es sich um mehr als nur bürokratische Schlamperei handelte. Colonel Lwin murmelte eine Art Entschuldigung und versprach, sich persönlich darum zu kümmern, daß Suu neue Papiere bekomme. Aber es erschien offensichtlich, daß man gehofft habe, die kritische junge Frau mit dem illustren Stammbaum werde ihren burmesischen Paß abgeben. Dann hätten die militärischen Machthaber die Möglichkeit gehabt, die Rückkehr in ihre Heimat zu verhindern, indem sie ihr ein Visum verweigert hätten. Aber Suu hatte nicht vor, ihnen diese Genugtuung zu geben.

„Ein Freund, ein Offizieller aus der ständigen Vertretung, mit dem wir glaubten offen über die Situation in Burma sprechen zu können, sagte manchmal neckend, wenn er das Gefühl hatte, daß Suus Äußerungen zu kühn und kritisch waren: ‚Du hast nicht nur den Mut deiner Überzeugung, Suu, sondern auch den Mut deiner Beziehungen.' Er war der Meinung, daß man sie als Tochter General Aung Sans und der Daw Khin Kyi nicht abschießen könnte", schreibt Ma Than E. „Ich hatte mehr das Gefühl, daß sie nicht nur ihre Tochter in Fleisch und Blut war, sondern auch im Geiste."

Entfaltung

Michael Aris

„Ich bitte Dich nur um eins: Sollte mein Volk mich brauchen, mußt Du mir helfen, meine Pflicht ihm gegenüber zu erfüllen." Dieses Versprechen ringt Aung San Suu Kyi ihrem Verlobten Michael Aris kurz vor ihrer Hochzeit am Neujahrstag 1972 ab. Die beiden hatten sich bei den Gore-Booths kennengelernt; Sir Paul Gore-Booth kannte Suu aus ihren Kindertagen, als er als britischer Botschafter in Rangun war, und hatte sie aufwachsen sehen, als er als High Commissioner nach Neu-Delhi versetzt wurde. Als Suu zum Studium nach England kommt, ist Sir Paul Staatssekretär im Auswärtigen Amt und wird ihr Vormund. Eine glückliche Fügung läßt zu dieser Zeit auch einen jungen Tibetologen in dem Haus Gore-Booth ein und aus gehen. Michael ist groß, mit breiten Schultern, blonden Locken und blauen Augen. Das genaue Gegenteil zu Suu, der zerbrechlich zarten Schönen mit dem langen schwarzen Haar und den dunklen Mandelaugen. Aber – wie man so sagt – Gegensätze ziehen sich an.

Michael Aris ist seit 1967 als Privatlehrer bei der königlichen Familie des Himalaya-Königreichs Bhutan angestellt und leitet auch die Übersetzungsabteilung der königlichen Regierung. Zu dieser Zeit arbeitet Suu in New York, und so schicken sich die Liebenden Briefe. Später, als sie wieder getrennt sind, dieses Mal durch Suus Hausarrest, schreibt Michael Aris: „Vor kurzem habe ich die 187 Briefe wieder gelesen, die sie mir aus New York nach Bhutan in den acht Monaten vor unserer Hochzeit in London am 1. Januar 1972 geschickt hat. Immer wieder drückte sie darin ihre Sorge aus, daß ihre Familie und ihr Volk unsere Heirat mißverstehen und darin eine Schmälerung ihrer Hingabe an sie sehen könnten. Sie erinnerte mich wiederholt daran, daß sie eines Tages nach Burma zurückkehren müßte und daß sie auf meine Unterstützung zähle, nicht weil ihr das zustehe, sondern als Gefallen."

Suus Briefe klingen angesichts der Ereignisse der achtziger und neunziger Jahre wie düstere Prophezeiungen: „Manchmal überkommt mich die Angst, daß Umstände und nationale Gesichtspunkte uns auseinanderreißen könnten, gerade zu dem Zeitpunkt, wenn wir so glücklich miteinander sind, daß eine Trennung eine Qual wäre. Aber diese Ängste sind so sinnlos und unwichtig: Wenn wir uns lieben und ehren, so viel und so lange wir können, bin ich sicher, daß die Liebe und das Mitleid am Ende triumphieren werden." Suus Worte zeigen, wie früh sie sich bereits klar war, daß einmal ihr persönliches Glück hinter nationalen Gesichtspunkten zurückstehen werden muß.

Nach ihrer Hochzeit zieht auch Suu nach Bhutan und übernimmt den Posten eines Forschungsbeauftragten am Außenministerium mit der besonderen Aufgabe, den Außenminister in UNO-Fragen zu beraten. 1973 wird ihr erster Sohn Myint San Aung (Alexander) geboren. Bei einem Besuch in Rangun nehmen die Militärmachthaber Kontakt mit der jungen Mutter auf. Sie wollen herausfinden, ob Aung San Suu Kyi vorhabe, eine Opposition aufzubauen. Sie bekommen nicht die Antwort, auf die sie gehofft hatten: „Ich habe ihnen gesagt, daß ich mich niemals vom Ausland aus einmischen werde, sondern wenn ich mich politisch engagieren sollte, das im Lande tun werde." Von diesem Zeitpunkt an sind die Behörden vorgewarnt: Die Tochter von Aung San könnte eines Tages zurückkehren. Sie hat ihnen die Stirn geboten, läßt sich nicht einschüchtern. Sie lebt nicht im Exil, verliert nie den Kontakt zu Burma. Zwei Jahre später, 1974, übernimmt Michael eine Professur in Oxford für Tibetologie.

Die Familie bezieht eine Wohnung in Nord-Oxford, die das College zur Verfügung gestellt hat. Das Geld ist knapp und der Platz beengt, aber das hindert Suu nicht daran, einen stetigen Strom von Gästen unterzubringen und zu versorgen. Ihr Haus steht allen offen, so wie sie es von zu Hause gewöhnt war. Das Teilen ist selbstverständlich. Und so wird ihr Zuhause eine Anlaufstelle für viele Burmesen und buddhistische Mönche, die nach England kommen.

Als ihr zweiter Sohn Htein Lin (Kim) 1977 zur Welt kommt, wird es noch enger. Suu ist verzweifelt, weil sie ihn nicht stillen kann. „Ich bezweifle, daß irgend jemand die Qualen verstehen kann, die sie damals litt, der nicht dasselbe durchlitten hat", schreibt ihre Freundin Ann. „Es war typisch, daß Suu sich diese Qualen auferlegte, denn der Schmerz war das unausweichliche Resultat ihrer tiefverwurzelten Abneigung, Niederlagen zu akzeptieren und sich den zweitbesten Weg zu gönnen. Kim war zufrieden, flaschengenährt und gesund, aber bei gedämmtem Licht saß sie jede Nacht auf und versuchte vergebens, ihn zu stillen." Um etwas gutzumachen, was sie als ihren Fehler empfand, lernt sie, wie sie das Baby massieren kann. Sie verbringt Stunden über Kim gebeugt und reibt ihn mit warmen Ölen ein.

Als sich ihre Umstände etwas bessern, ziehen sie in ein schönes, schmalbrüstiges Haus in Park Town. Suu hat jetzt mehr Zeit und sucht nach neuen Herausforderungen. Und so beginnt sie, eine Landeskunde Burmas für Kinder zu schreiben. Suu hatte zwar dafür gesorgt, daß ihre Söhne burmesische Pässe und Staatsangehörigkeit bekamen und durch häufige Besuche bei ihrer Großmutter in Rangun den Kontakt zu ihrem Land nicht verloren, aber sie kannten ihre Heimat nicht wirklich. Deshalb ist Suus Landeskunde zwar für Kinder allgemein geschrieben, aber vermutlich auch der Versuch einer stolzen Mutter, ihren Söhnen ihr Land näherzubringen. Auch allen anderen Lesern bieten diese Seiten einen sehr persönlichen, charmanten und liebevollen Eindruck eines wunderschönen

Landes, seiner Kultur und Geschichte und der Menschen, die Suu so sehr schätzt und vermißt. Deshalb sind sie hier auch wiedergegeben:

„Burma ist eines jener Länder, das von der Natur bevorzugt scheint", schreibt Aung San Suu Kyi, „gute Böden, auf denen Reis und anderes Getreide reichlich wachsen; dichte Wälder, aus denen wertvolle Hölzer kommen; Öl, Mineralien und Edelsteine wie Rubin, Saphir und Jade. Flüsse wie Meer bieten Perlen und Fische." Man muß sich nicht wundern, meint Aung San Suu Kyi, daß Burma als goldenes Land, als Paradies des Ostens beschrieben wurde. Aber natürlich gibt es kein Paradies auf Erden, schränkt sie gleich wieder ein; und Burma ist trotz seines natürlichen Reichtums kein wohlhabender Staat. Aber es ist ein beeindruckend schönes Land, das von vielen verschiedenen Völkern bewohnt wird. Die Burmesen, die den Großteil der Bevölkerung stellen, haben dem Land ihren Namen gegeben.

Suus Sprache in *Let's visit Burma* ist kindgerecht. Manchmal geht sie etwas oberlehrerhaft ins Detail: Burmas 676522 km^2 große Landmasse ist im Norden von China begrenzt, im Westen von Indien und Bangladesch, im Osten von Thailand und Laos. Im Süden bildet der Indische Ozean eine natürliche Grenze. Der größte Fluß, der Irawadi, ist über 2000 km lang und fließt von den nördlichen Kachin-Bergen (Ausläufer des Himalaya-Gebirges) nach Süden, wo er ein fruchtbares Delta bildet. Weitere Berge befinden sich an Burmas nordwestlicher und westlicher Grenze; im Osten des Landes ist das Shan-Hochplateau, in der Landesmitte eine von trockenem Klima geprägte Landschaft.

Der Leser reist so mit ihr durchs Land und lernt etwas von dem Bevölkerungsgemisch und den vielen Kulturen, die es in sich aufnimmt. Burma, so schreibt Suu, besteht aus sieben Staaten, in denen die sieben größten Volksgruppen zu Hause sind: die Burmesen, die Chin, die Kachin, die Karen, die Kayah, die Mon, die Arakanesen und die Shan.

Burmas Hauptstadt ist Rangun, eine Hafenstadt im Delta des Irawadi. Der alte burmesische Name Yangon, verballhornt von den Briten, bedeutet „Ende der Gefahren", weil König Alaungpaya die Stadt 1755 am Ende eines Kriegs für seine Armee erbaut hatte. Als Hafenstadt erreichte Rangun im 19. und 20. Jahrhundert große Bedeutung und wurde von den Briten zur Hauptstadt ernannt, als diese 1885 Burma einnahmen.

Die letzte Hauptstadt des burmesischen Königreiches war Mandalay, 1857 von König Mindon erbaut. Der Name kommt von einem benachbarten heiligen Hügel, von dem Buddha prophezeit hatte, daß eine große Stadt an seinem Fuße gegründet werden würde. Die Burmesen sehen Mandalay weiterhin als ein Symbol ihrer früheren Größe an, obwohl nach dem Zweiten Weltkrieg nichts als ein paar Mauern und Tore stehenblieben.

Die dritte bedeutende Stadt Burmas ist Moulmein, eine lebhafte Küstenstadt voller interessanter tropischer Gerüche, Spezialitäten und Sehenswürdigkeiten. Eine burmesische Redewendung faßt die Charakteristika der Städte zusammen: „Zum Essen nach Moulmein, für die Konversation nach Mandalay, nach Rangun wegen der Pracht." Am Ende haben wir eine kleine Rundreise mit Aung San Suu Kyi durch Burma gemacht.

Burmas Böden und Klima sind ideal für den Reisanbau, fährt sie fort: Reis macht mehr als 40 Prozent der Exporteinnahmen aus, und selbst in Landesteilen, wo er nicht angebaut wird, essen Burmesen einmal am Tag Reis. Eine weitere Verdienstquelle sind die Wälder, aus denen Hartholz geschlagen wird, das überall in der Welt zum Bauen von Schiffen, Häusern und Möbeln beliebt ist. Die gelben, süß duftenden Blüten des Padauk-Baumes verkünden nach monatelanger Hitze den Beginn der Regenzeit und werden in vielen burmesischen Liedern und Gedichten besungen. Burmas Landwirtschaft produziert viele Güter: von tropischen Früchten über Getreide bis hin zu Tabak, Zuckerrohr, Tee und Kaffee. Weitere Naturschätze sind Perlen und Mineralien wie Jade, Topas, Zirkon, Gold und Zink. Zement wird für den Export hergestellt; industrielle Produkte für den heimischen Markt sind Zigaretten, Düngemittel, Seife, Salz und Baumwollgarn. Aber abgesehen von Burmas Reichtum an Naturschätzen und Agrarprodukten sind es Burmas Völker, deren Kulturen und Geschichte den Landescharakter ausmachen.

Dann kommt Aung San Suu Kyi zu dem interessantesten Teil ihrer Landeskunde, der Geschichte Burmas. Hier wird wieder deutlich, wie viele Bevölkerungsgruppen die Kultur und die Geschichte des Landes beeinflußt haben. Sie alle machen Burma aus. Aung San Suu Kyi zeigt hier am deutlichsten, daß sie in der Tradition ihres Vaters steht, der mit dem Panglong-Abkommen versuchte, die Völker Burmas zu einen und in einer Union in die Unabhängigkeit und Freiheit zu führen. Sie geht zurück bis in die früheste Geschichte, zu den buddhistischen Wurzeln.

„Zwischen 2500 und 1500 vor Christus ließen sich die Mon aus Zentralasien an Burmas Küste und in Teilen Thailands nieder. Indische Einflüsse auf ihre Kultur, vor allem der Buddhismus und der Hinduismus, waren besonders nachhaltig. Der Buddhismus entwickelte sich später als der Hinduismus (der indische Prinz Siddhartha, Begründer der buddhistischen Glaubensrichtung, wurde um 560 vor Christus geboren), aber die meisten Mon nahmen den buddhistischen Glauben an.

Mit der zweiten Einwanderungswelle kamen die Tibeto-Burmesen aus dem Norden. Eines der tibetisch-mongolischen Völker, die Pyu, haben Spuren einer hochentwickelten Zivilisation hinterlassen: Reste von Städten, die zwischen dem 5. und 9. Jahrhundert ihre Blütezeit hatten. Man hat sowohl hinduistische Tempelruinen als auch buddhistische Objekte gefunden, was auf eine Koexistenz der Religionen hindeutet. Das Reich der Pyu wurde anfangs, so geht die Sage, von indischen Königen regiert, was die Entwicklung der Religionen erklärt. Das Königreich der Pyu wurde im 9. Jahrhundert von chinesischen Eindringlingen zerstört, während die Burmesen an Stärke gewannen. Um 850 n. Chr. begründeten sie die Stadt Pagan, welche noch heute große Bedeutung für die Burmesen hat, obwohl sie nur noch eine sonnendurchflutete Ebene voller Pagodenruinen ist. Der erste burmesische König, der den Großteil des Landes beherrschte, war Anawratha (er gelangte um 1044 an die Macht), der eine puristische Art des Buddhismus, den *Theravada*-Buddhismus, verbreitete. Anawratha spielte eine wichtige Rolle in der sogenannten „ersten Vereinigung" der drei Völker Burmas und in der Entwicklung ihrer Religion. Der buddhistische Glaube verbreitete sich in Burma, besonders nachdem Anawratha zwischen 1054 und 1057 das Königreich der Mon besiegt hatte. Der Kontakt mit den Mon trug allerdings wesentlich zur kulturellen Entwicklung Burmas bei, in Architektur und Schrift (obwohl hauptsächlich indisch, zeigt die Schrift deutliche Einflüsse der Sprache der Mon).

Einer der beliebtesten und von zahlreichen Sagen umwobenen Könige Burmas war Kyansittha. Er diente als General unter Anawratha und bestieg 1084 nach einem Sieg über die angreifenden Mon den Thron. Kyansittha war ein hervorragender Krieger, aber auch ein kompetenter Herrscher und Verwalter, der sich um die Wohlfahrt der Bevölkerung sorgte. Der berühmte Ananda-Tempel in Pagan wurde in seinem Auftrag gebaut.

Im 13. Jahrhundert hatte Burma weniger fähige Herrscher, und außerdem drohten mächtige Feinde: Von Nordosten fielen chinesische Truppen unter mongolischer Führung ein und zerstörten 1287 Pagan, von Osten kamen die Shan, die sich in Zentral-Burma niederließen.

Die Shan bilden die dritte Volksgruppe; sie gehören zu den Thai, der größten Volksgruppe in Indochina. Archäologische Funde belegen, daß sie seit dem 8. Jahrhundert in Südostasien ansässig waren; es wird sogar vermutet, daß ein Austausch zwischen ihnen und den Pyu stattfand. Als die Mongolen im 13. Jahrhundert einfielen, kämpften die Shan an zwei Fronten: sie wehrten sich gegen die eindringenden Mongolen und attackierten gleichzeitig das schwankende Königreich von Pagan. Mit Erfolg – bis ins frühe 16. Jahrhundert beherrschten die Shan Zentral-Burma, doch trotz des Niedergangs von Pagan wirkten burmesische Einflüsse stark nach. Das Königreich der Shan in Ava erlebte sogar eine Blütezeit burmesischer Literatur; besonders bekannt: die Dichtungen buddhistischer Mönche.

Wie die Shan hatten auch die Mon die Schwäche des Reiches von Pagan ausgenutzt und sich von seiner Herrschaft befreit. Nach einigen Streitigkeiten um Gebiete gründeten sie 1369 ihre neue Hauptstadt in Pegu. Unter König Yadadhirit (1385–1423) gab es immer wieder Kriege gegen die Könige von Ava, aber im 15. Jahrhundert, nach seinem Tod, regierten Königin Shin Saw Bu und König Dhammazedi in Frieden. Beide Herrscher förderten den Theravada-Buddhismus, und drei wichtige religiöse Monumente entstanden in ihrer Regierungszeit."

Aung San Suu Kyi erzählt in ihrer Landeskunde für junge Leute auch von ihrer Religion. So wie ihre Mutter ihr ein festes Fundament des Glaubens vermittelt hatte, so will sie es nun an ihre Söhne weitergeben. Sie werden 1986 in einer traditionellen Zeremonie im Haus ihrer Großmutter als Novizen ins Kloster gehen, so wie es sich für junge Männer ihres Alters in Burma ziemt. Buddhisten treten immer wieder, zu besonderen Zeiten in ihrem Leben, ins Kloster ein. Die Zeremonie, die der christlichen Konfirmation oder Kommunion gleichkommt, bringt der Familie Ehre und religiöse Verdienste: Den Buben werden die Haare geschoren, und sie legen das dunkelrote Mönchsgewand an. Für die Mädchen hat sich in Burma eine äquivalente, wenn auch nicht religiöse Tradition entwickelt, eine Zeremonie, wenn ihnen die Ohrläppchen durchstochen werden, die ebenfalls ihren Eintritt in die Pubertät kennzeichnet. Buben und Mädchen sind keine Kinder mehr, sondern haben den Weg zum Erwachsenwerden eingeschlagen.

Und so erzählt Aung San Suu Kyi in ihrer Landeskunde ihren Kindern auch etwas über ihre Religion und ihren Einfluß auf die Geschehnisse in Burma: „Der Faktor, der die burmesische Kultur und Zivilisation am nachhaltigsten geprägt hat, ist der Theravada-Buddhismus", schreibt Suu. „Burma wird oft das Land der Pagoden genannt; man findet sie, strahlend weiß und gold, in allen Landstrichen. Der Buddhismus lehrt, daß der Schmerz ein unausweichlicher Teil des Lebens ist, dessen Ursachen menschliche Bedürfnisse und Begierden sind sowie zu innige Verbundenheit mit anderen Menschen und zu großes Festhalten am Materiellen. Um schmerzfrei zu leben, muß man sich frei von solchen Gefühlen machen. Dies erreicht man über den Weg der acht Stufen: rechtes Verstehen; rechtes Denken; rechte Rede; rechte Tat; rechte Lebensweise; rechte Anstrengung; rechte Einstellung; rechte Konzentration.

Dieser Weg wird auch der mittlere Weg *(Theravada)* genannt, da er zwischen dem extremen Glück und extremem Schmerz entlangführt. Das höchste Ziel des Buddhisten ist es, dem Zyklus des Lebens und Wiedergeborenwerdens, *Samsara*, zu entkommen und das *Nirvana*, die Auslöschung, zu erreichen.

Die Lehren des Buddha *(Dharma)* werden von den Mönchen *(Sangha)* an die Gläubigen weitergegeben. Buddha, Dharma und Sangha werden das dreifache Juwel genannt. Zwei andere von Buddhisten hochgeachtete Gruppen, Lehrer und Eltern, bilden zusammen mit dem dreifachen Juwel die ‚fünf, die verehrt werden müssen'.

Alle guten Buddhisten verpflichten sich dazu, den ‚fünf Vorschriften' zu entsprechen: nicht zu töten, nicht zu stehlen, nicht untreu zu werden, nicht zu lügen und keinen Alkohol zu trinken. Während der dreimonatigen buddhistischen Fastenzeit halten sich viele Gläubige an die ‚acht Vorschriften' (vier zusätzliche neben vier der ursprünglichen fünf Regeln): keine unmoralischen Taten zu begehen, nicht nach zwölf Uhr zu essen, keine Musik, Tanz und Parfüm zu genießen und auf ‚hohe' (bequeme) Schlafstätten zu verzichten. Hochzeiten werden während dieser Zeit vermieden, da eine solche innige Verbindung mit einer anderen Person das menschliche Festhalten am Materiellen erhöht und das Erreichen des Nirvana erschwert. *Thidingyut*, ein Fest am Ende der Fastenzeit im Oktober, fällt mit dem Anfang des Monsuns, einer Zeit der Freude, zusammen. Außer dem Kommen des Regens wird auch gefeiert, daß Buddha nach einer Fastenzeit, die er in einem der buddhistischen Himmel verbrachte, wieder auf die Erde zurückgekehrt war. Drei Tage lang wird *Thidingyut* gefeiert, mit Lichtern, Laternen und herausgeputzten Häusern, Pagoden und Klöstern. Buddhisten ehren auch die ältere Generation und machen ihr Geschenke.

Das *Kason*-Fest, das in den Zeitraum der Monate April und Mai fällt, feiert Buddhas Geburt, Erleuchtung und Tod. Da

Buddha seine Erleuchtung – das *Nirvana* – unter einem *bodhi*-Baum fand, bringen die Gläubigen Wassergaben zu *bodhi*-Bäumen."

Ab dem 15. Jahrhundert gelangten westliche Einflüsse nach Burma: „Im 15. Jahrhundert betrieben italienische Kaufleute lediglich Handel mit den Mon; die Portugiesen begründeten im frühen 16. Jahrhundert Kolonien in Indien und auf der Malaiischen Halbinsel. Während der Blütezeit von Pegu entwickelte sich Handel zwischen den Mon und den Portugiesen.

Die Jahre der Stabilität in Pegu waren gleichzeitig eine Zeit des Niedergangs für das Königreich von Ava. Toungoo entwickelte sich 400 Kilometer weit entfernt zum neuen Machtzentrum. Viele Burmesen waren nach dem Fall ihrer Königsstadt Pagan dorthin geflohen. Nach 1486 (als Minkyinyo den Thron Toungoos bestieg) wuchs die Macht der Burmesen. Die Zeit der Toungoo-Dynastie wird auch die ‚zweite Vereinigung' Burmas genannt. Minkyinyos Sohn Tabinshweti, der mit nur vierzehn Jahren König wurde, erwies sich als großer Krieger und Staatsmann und regierte von 1531 bis 1550. Er unterwarf das Land der Mon und den Großteil Zentral-Burmas und wählte Pegu zu seiner Hauptstadt. Tabinshweti führte zahlreiche Kriege gegen Thailand und das arakanesische Königreich. Portugiesen dienten in diesen Kriegen allen Seiten als Söldner und führten erstmals europäische Schußwaffen ein.

Als Tabinshweti im Alter von 32 Jahren ermordet wurde, übernahm sein portugiesischer Berater und Oberbefehlshaber, dem er den Titel Bayinnaung (‚älterer Bruder des Königs') verliehen hatte, den Thron; er vermochte die Macht des Reiches zu vermehren und es bis hin nach Thailand auszudehnen. Nach seinem Tod jedoch zerfiel das Reich in seine Teile. Die Portugiesen spielten nun eine wichtige Rolle in den nachfolgenden Streitigkeiten zwischen Burmesen, Arakanesen und Thais.

Im 18. Jahrhundert sahen die Jahre von 1752 bis 1760 die dritte Vereinigung Burmas unter Alaungpaya, dem ersten König der Konbaung-Dynastie, welche in der Folge zehn Monarchen und vier Hauptstädte hatte (Shwebo, Ava, Amarapura und zuletzt Mandalay). Wie frühere Dynastien führten auch die Konbaung viele Kriege gegen ihre Nachbarn. Aber die wachsende Präsenz der Europäer im 17. und 18. Jahrhundert hatte neue Bedingungen geschaffen. Portugiesen, Holländer, Franzosen und Briten, sie nahmen alle am Wettrennen um Handelsrechte und die Gebiete in Südasien und Südostasien teil. Indien wurde von England dominiert. 1824 fand der erste britisch-burmesische Krieg um Mainpur und Assam statt, den England gewann. Burma mußte die zwei Gegenden genauso wie Arakan und Tenasserim aufgeben. Ein zweiter Krieg erweiterte Englands Besitz, und der dritte Zusammenstoß 1885 war entscheidend: Britische Truppen marschierten in Mandalay ein und nahmen die burmesische Königsfamilie gefangen. Thibaw, der letzte König der Konbaung, wurde nach Indien ins Exil geführt; Burma wurde Teil des Britischen Empires.

Die britische Kolonialmacht setzte Burmas heutige Grenzen fest, nutzte die Naturschätze und entwickelte die Wirtschaft. Die Briten brachten indische und chinesische Einwanderer mit sich, die dank ihres Geschäftssinns und harter Arbeit erfolgreich waren. Zwischen Kolonialherren und Einheimischen gab es keinen wirklichen Kontakt, und Burmesen hatten keinen Anteil an dem Reichtum ihres Landes.

Tausende Soldaten indischer Truppen wurden eingesetzt, um Aufstände der Burmesen niederzuschlagen; aber im Gegensatz zu anderen Stämmen ließen sich die Burmesen nicht willig unterdrücken. Die Karen in Südost-Burma erwiesen sich für den christlichen Glauben empfänglicher als die Burmesen, welche überzeugte Buddhisten waren und blieben. Daß die Briten nach dem Prinzip *Divide et impera* regierten, erwies sich für das spätere unabhängige Burma verhängnisvoll.

Die burmesische Unabhängigkeitsbewegung wuchs in den zwanziger Jahren aus dem Willen, den Buddhismus von fremden Einflüssen zu bewahren, und gewann langsam politischen Charakter. Als die Briten Burma 1937 getrennt von Indien regieren wollten und eine burmesische Verfassung in Kraft setzten, konnten Burmesen endlich an der Regierung ihres

Landes teilnehmen. Diese Zugeständnisse reichten aber nicht aus, um der Nationalbewegung Einhalt zu gebieten. In den dreißiger Jahren waren die Studenten der Universität von Rangun führende Kräfte in der Bewegung, die zunehmend radikaler in ihren Forderungen und auch militanter wurde."

Der Zweite Weltkrieg ist der erste Punkt, an dem Aung San Suu Kyi in ihrer Landeskunde ihren Vater erwähnt. Und sie tut es in einer völlig objektiven, geradezu teilnahmslosen Art und Weise: „Der Oberbefehlshaber der burmesischen Armee war ein junger Mann namens Aung San, der ein Studentenführer und einer der *30 Kameraden* gewesen war. Zusammen mit anderen Nationalisten organisierte er eine Widerstandsbewegung gegen die Japaner." Der Rest von Aung Sans Geschichte ist aus vorigen Kapiteln dieses Buches bekannt.

Wir setzen Aung San Suu Kyis Landeskunde mit der Unabhängigkeit Burmas, am 4. Januar 1948, sechs Monate nach ihres Vaters Tod, fort: „U Nu, das ranghöchste Mitglied der AFPFL, wurde Premierminister. Er mußte von Anfang an große Hindernisse überwinden: Die Kommunisten, die am Unabhängigkeitskampf teilgenommen hatten, hielten nun ideologische Belange für wichtiger als nationale Interessen und griffen die Regierung an. Die *People's Volunteer Organisation* – eine Freiwilligentruppe, die für den Fall aufgestellt worden war, daß das Ergebnis der Volksabstimmung von der britischen Kolonialmacht nicht anerkannt worden wäre und die nun vor der Auflösung stand – nahm ebenfalls die Waffen gegen U Nus Regierung auf. Eine dritte Oppositionsgruppe bildeten die Karen, deren Vertrauen Aung San zwar gewonnen hatte, die inzwischen aber vermehrt glaubten, daß sie als Christen nicht mit Buddhisten in Frieden leben könnten (eine Einstellung, die Briten und christliche Missionare bestärkt hatten und mit zu verantworten haben)."

Aung San Suu Kyi gelangt nun an einen Punkt, der 1985, als *Let's visit Burma* herauskommt, bereits hoch politisch ist: nämlich die Machtübernahme des Militärs. Aber auch diese Klippe umschifft sie so unvoreingenommen wie möglich. „Das unabhängige Burma", so schreibt sie, „war eine parlamentarische Demokratie, und nachdem die Regierung U Nus die Rebellionen abgewehrt hatte, erreichte sie ein gewisses Maß an Stabilität. Aber die Armee hatte eine starke Position, da man ständig auf Aufstände vorbereitet sein mußte. Viele der Befehlshaber waren ehemals politisch tätig gewesen, was dazu führte, daß sie mehr und mehr in die Geschäfte der Regierung einzugreifen versuchten. 1962 stürzten der Oberbefehlshaber und einige Offiziere U Nus Regierung, und seitdem steht Burma unter Militärherrschaft. Die Soldaten erklärten eine sozialistische Republik unter der Einheitspartei ‚Partei des Sozialistischen Programms'." Das Parteiverbot und andere Maßnahmen, welche politische Freiheiten einschränken, sind offiziell dazu gedacht, eine sichere Regierung zu garantieren und die Einheit Burmas zu gewähren. „Aber Einheit kann nur mit der bereitwilligen Kooperation der Menschen entstehen. Die Regierung Burmas muß sich immer noch mit vielen Rebellen auseinandersetzen, besonders mit den Karen, Shan und den Kommunisten. Die Wirtschaft ist nicht gut geführt worden, und Burma ist heutzutage keine wohlhabende Nation. Aber mit dem Reichtum an Bodenschätzen kann es auf die Zukunft hoffen. Und diese Zukunft", so schreibt Aung San Suu Kyi im Jahr 1985 fast prophetisch, „liegt in den Händen des Volkes." Drei Jahre später wird sich dieses Volk erheben und Aung San Suu Kyi an die Spitze einer vom Volk getragenen Demokratiebewegung spülen.

Mehrere Abschnitte in ihrer Landeskunde sind den ethnischen Minderheitengruppen Burmas gewidmet: „Burma ist ein Land vieler Völker, die über hundert Sprachen sprechen. Aber all diese Völker gehören drei rassischen Gruppen an, den Mon-Khmer, den Tibeto-Burmesen und den Thai-Shan. Sieben Volksgruppen, abgesehen von den Burmesen, sind zahlenmäßig groß genug, um eigenständige administrative Territorien zugewiesen zu bekommen: die Chi, Kachin, Karen, Kayah, Mon, Arakanesen (Rakhines) und die Shan." Aung San Suu Kyi beschreibt mit viel Liebe zum Detail die verschiedenen Gruppen, ihre Traditionen, Religionen und wie sie ihren Lebensunterhalt verdienen. Die Zeilen zeugen von einem großen Einfühlungsvermögen für die ethnischen Minderheiten in ihrem Land. Außerdem klingt eine gewisse Trauer in ihren Worten mit, daß die Einheit, die ihr Vater in dem Vertrag von Panglong im Februar 1947 erzielte, in der Zeit nach seinem Tod verlorenging: „Kein burmesischer Staatsbürger kann auf diese Geschichte der Uneinigkeit stolz sein. Aber trotz allem gibt es mehr Grund zur Hoffnung, als dies Außenstehenden erscheinen mag. Es gibt viele Verbindungen zwischen den Völkern Burmas. Die Mon-Khmer, die Tibeto-Burmesen und die Thai-Shan haben jahrhundertelang zusammengelebt. Die Mon und die Burmesen, die über lange Strecken in ihrer Geschichte Erzfeinde waren, haben gelernt, in Frieden miteinander zu leben. Durch die Entwicklung von gegenseitigem Verständnis und Toleranz können auch andere Völker lernen, miteinander in Harmonie zu leben. Burmas Grenzen bilden eine natürliche Grenzlinie eines Landes, das reich an Völkern und natürlichen Ressourcen ist. Mit der Zeit kann beides entwickelt werden und sich so eine starke und wohlhabende Nation bilden."

Auch wenn die Landeskunde für Kinder geschrieben ist und deshalb manchmal etwas simpel erscheint, ist sie doch ein wichtiges Dokument. Genau wie die kurze Biographie, die Aung San Suu Kyi über ihren Vater geschrieben hatte und die ein Jahr zuvor erschienen war, zeigt sie ihre enge Verbundenheit zu ihrem Land und seinen Leuten, die auch in den Jahren ihrer Abwesenheit nicht abgenommen hat. Sie hat die Geschichte ihres Landes und ihrer Familie, die so eng verknüpft sind, genau studiert. Und besonders in dem letzten Teil über die ethnischen Minderheiten und ihre Traditionen wird deutlich, wie genau Aung San Suu Kyi die Probleme aller in Burma lebenden Völker erspürt. Wenn sie davon spricht, „Ressourcen zu entwickeln" und eine „Nation zu bilden", beginnt sich langsam vor den Augen der Leser der Schmetterling einer sehr feinfühligen Politikerin zu entfalten.

Kyoto und die Suche nach den Spuren des Vaters

Zu Beginn der achtziger Jahre und nach über einem Ehejahrzehnt hatte sich Aung San Suu Kyi entschlossen, ihre akademische Karriere wiederaufzunehmen. Sie wollte Mutterschaft und Wissenschaft miteinander kombinieren und übernahm einen Lehr- und Forschungsauftrag. Das Resultat war die schon erwähnte Kurzbiographie über ihren Vater, die 1984 in einer Serie über die Führer Asiens herauskommt, die von der Universität Queensland (Australien) veröffentlicht wird.

Doch ihre intellektuelle Neugier ist damit noch lange nicht befriedigt, und so unternimmt sie einen zweiten Anlauf, an ihrem früheren College englische Literatur zu studieren, wo sie Philosophie, Politik und Volkswirtschaft gehört hatte. Aber St. Hugh's lehnt ihre Bewerbung ab. Suu läßt sich nicht entmutigen und beginnt einen Sprachkurs. Ihr Ziel ist, Japanisch zu lernen, um dann Quellen über ihren Vater in den japanischen Archiven im Original lesen und analysieren zu können.

Mitte der achtziger Jahre wird sie eingeladen, ein Jahr als Stipendiatin am Zentrum für südostasiatische Studien der Universität Kyoto in Japan zu verbringen. Sie erhält die Möglichkeit, die burmesischen Dokumente aus dem Zweiten Weltkrieg, die dort aufbewahrt werden, zu studieren. Dieses sind Quellen, die Aung San Suu Kyi Einblick in ein Kapitel des Lebens ihres Vaters geben, den sie vorher nie gehabt hatte. Sie bekommt auch die Möglichkeit, Überlebende zu interviewen, die ihren Vater gekannt hatten. Es sollte nicht überraschen, daß sie die Chance begeistert aufgreift. Sie zieht mit ihrem jüngeren Sohn Kim nach Kyoto und beginnt eine Entdeckungsreise. Das Bild, das sie sich aus den Geschichten ihrer Familienmitglieder und Freunde von ihrem Vater gemacht hatte, ist nun fast komplett. Und je mehr sie über ihren Vater erfährt, desto mehr lernt sie auch über sich selbst.

Jahre später, als sie zur Hoffnung einer Volksbewegung geworden ist, zum stillen Auge inmitten eines revolutionären Wirbelsturmes, beschreibt Aung San Suu Kyi ihre Beziehung zu ihrem Vater so: „Viele Leute fragen mich, wie ich zu der landesweiten Bewegung für Demokratie gekommen bin. Als Tochter des Mannes, der als der Vater des modernen Burma angesehen wird, war es unvermeidlich, daß ich sehr aufmerksam auf die politischen Strömungen im Land eingestellt war. Von Kindheit an interessierten mich die Geschichte der Unabhängigkeitsbewegung und die sozialen und politischen Entwicklungen in der Union Burma. Da mein Vater starb, als ich gerade zwei Jahre alt war, kann man eigentlich nicht sagen, daß ich ihn gekannt hätte. Mir wurde beigebracht, an ihn als einen liebenden und nachgiebigen Vater zu denken und als einen aufrichtigen und ehrbaren Mann, der das Wohl seines Landes vor seine eigenen Interessen stellte. Erst als ich älter wurde und begann, Material über sein Leben und seine Errungenschaften zu sammeln, begann ich zu begreifen, wie er wirklich war und was er in seinen 32 Lebensjahren schaffen konnte. So wuchs in mir die Bewunderung für ihn als Patrioten und Staatsmann, und ich begann ein starkes Einfühlungsvermögen zu entwickeln, weil ich immer mehr Ähnlichkeiten zwischen unser beider Haltungen entdeckte. Vielleicht fühle ich mich deshalb so verantwortlich für das Wohl meines Landes, weil mich ein so starkes Band mit meinem Vater verbindet."

In Kyoto entsteht aber auch ein akademisches Werk, das nur mittelbar mit ihrem Vater zu tun hat. Es beschreibt die Ursprünge des burmesischen Nationalismus in der Literatur und bietet einen faszinierenden Einblick in die Interessen einer intelligenten und gebildeten Frau. Und es zeigt, daß sich Aung San Suu Kyi in der Tradition dieses Nationalismus stehen sieht. Dieses ist ihre Kulturgeschichte, die Wurzeln ihres politischen Denkens. Insofern ist das Essay über „Soziopolitische Strömungen in der burmesischen Literatur" besonders aufschlußreich.

„In den Jahren von 1910 bis 1940 begannen Versuche in Burma, die eigene nationale und kulturelle Identität wiederzubeleben, die durch die Kolonialherrschaft untergraben worden war", schreibt Aung San Suu Kyi in dieser einzigartigen Studie über Literatur und Nationalismus in ihrem Heimatland. Es ist wichtig, sich ins Gedächtnis zu rufen, daß ihr Ehemann Michael Aris überzeugt war, Suu werde eines Tages nach Burma zurückkehren, um eine Reihe von Bibliotheken aufzubauen. Aung San Suu Kyis Liebe für Bücher ist wohlbekannt. Und Literatur war immer ihr besonderes Steckenpferd. Vielleicht kann man sagen, daß Politik ihr im Blut liegt, aber daß der Literatur ihr Herz gehört. In diesem Essay kommen Politik und Literatur auf magische Weise zusammen. Suu stellt dar, daß ihre Geschichte und die ihres Vaters eng mit der burmesischen Literatur verknüpft sind und daß die ganze nationale Bewegung ihren Ursprung in der Literatur hat.

„Das Kolonialsystem des 19. Jahrhunderts wirkt in diesem Jahrhundert nach", schreibt Suu. Westliche Einflüsse in Sprache und Literatur brachten neue Ansätze und innovative Stilrichtungen hervor, die sich von althergebrachten Traditionen unterschieden. „Da die Entstehung der modernen burmesischen Literatur weitgehend mit der Entwicklung der burmesischen Nationalbewegung zusammenfiel, scheint es sinnvoll zu verfolgen, inwiefern zeitgenössische Werke soziale Bedingungen und politische Bestrebungen widerspiegeln."

Was in ihrer Landeskunde kindgerecht dargestellt wird, findet der Leser hier in einer sehr viel anspruchsvolleren und detaillierteren Weise wieder. Es muß auch als Aung San Suu Kyis versuchte Rückkehr in die Akademie gesehen werden. Aber die Politik läßt sie einfach nicht los. Sie ist zu sehr die Tochter ihres Vaters. Und so hat dieser Ausflug in das Schöngeistige einen sehr deutlich vernehmbaren politischen Unterton.

„Die britische Herrschaft", schreibt Aung San Suu Kyi, „brachte zu Beginn materiellen Wohlstand mit sich, doch verschiedene Faktoren führten zu Auflösungserscheinungen innerhalb der burmesischen Gesellschaft; hier lassen sich die Einwanderung vieler Inder und Chinesen, die Erschließung ausgedehnter unberührter Landflächen, die nur durch den Einsatz großer Mengen an Kapital möglich war, Landentfremdung, die Monopole europäischer Firmen, die Verdrängung einheimischer Produkte durch Importe, der Zusammenbruch des klösterlichen Schulsystems und der Niedergang von

Klosterdisziplin und -moral durch den Verlust geistlicher Aufsicht nennen.

Diese Entwicklung begann in Unterburma, das früher britischer Herrschaft unterworfen worden war. Um 1910 erreichten die auseinanderstrebenden wirtschaftlichen Entwicklungen und die Aushöhlung der traditionellen Werte auch Oberburma. Es ist daher kein Zufall, daß Bewegungen, die Burmesen aufrufen, ihre rassische und kulturelle Identität wiederzufinden, zu diesem Zeitpunkt an Bedeutung gewinnen. Die Kultur Burmas ist unverbrüchlich mit dem Theravada-Buddhismus verbunden, und es ist daher nicht überraschend, daß die ersten Knospen des Nationalismus religiös gefärbt waren. Die erste Vereinigung, die sich der Erhaltung und der Verbreitung des Buddhismus gewidmet hatte, wurde schon 1897 in Mandalay gegründet. Aber erst 1906 folgt ihr eine Organisation, die nationalen Charakter annimmt: Die *Young Men's Buddhist Association,* die dem Beispiel des YMCA (Christlicher Verein Junger Männer) folgt, wird von einer Gruppe junger Absolventen des Rangoon College gegründet und gewinnt bald die Unterstützung einflußreicher und gebildeter Burmesen. Zunächst waren sie treue Untertanen des Britischen Empires, bis zur Jahrestagung in Pyinmana im Jahr 1917, als die Delegierten einige hochpolitische Beschlüsse fassen: Sie protestieren gegen die ‚Europeans only'-Abteile in Zügen; ebenso verurteilen sie Europäer, die ihre Schuhe in Pagoden anbehalten, was gegen burmesische Sitte verstößt; die Regierung wird aufgefordert, zu verhindern, daß noch mehr Land in nicht-burmesische Hand übergeht; und man beschließt, eine Delegation nach Indien zu schicken, wo die Montagu-Kommmission über Verfassungsreform berät.

Ein Jahr nach dem Pyinmana-Kongreß bekommt die nationale Bewegung einen sehr viel kämpferischeren Einschlag: U Ottama, ein weitgereister buddhistischer Mönch, kehrt aus Indien zurück. Dieser ungewöhnliche Geistliche hat von seinen Reisen eine Bewunderung für die Stärke und Unabhängigkeit Japans und die *Satyagraha*-Bewegung Gandhis mitgebracht. Mit dieser erstaunlichen Mischung aus Bewunderung für die Errungenschaften Japans und die politischen Ideen und Taktiken Indiens beeinflußt er viele junge Hitzköpfe.

1921 entschloß sich die britische Regierung, das von der Montagu-Kommission *vorgeschlagene* System der Regierung, bei der sich zwei Verwaltungen die Verantwortung teilen, auf Burma auszuweiten. Die Umsetzung dieser Pläne beinhaltete die Wahl zu einem gesetzgebenden Rat. Die nationale Bewegung Burmas (zu dieser Zeit die *Young Men's Buddhist Association* und der *General Council of Buddhist Associations*, die sich im Jahr zuvor vereinigt hatten) ist gespalten: Sollten sich ihre Mitglieder zur Wahl aufstellen lassen oder das alternative System des *Home Rule*, der Selbstverwaltung, anstreben?

Das Jahr 1920 erlebt auch den Boykott des *Rangoon University Act:* Mit diesem Gesetz sollte in Burma ein ähnliches Hochschulsystem wie in Oxford und Cambridge eingeführt werden, wodurch die Studenten in der Universität wohnen sollten, an der sie studieren. Die Burmesen sahen darin einen Versuch, Hochschulbildung einigen privilegierten wenigen vorzubehalten. Studenten streikten und erhielten Unterstützung für ihre Haltung von der breiten Bevölkerung. Die Regierung mußte die verhaßten Bestimmungen zurückziehen. Und in einer ersten Flut von Begeisterung wurden im ganzen Land ‚Nationale Schulen' und ein ‚Nationales College' in Rangun gegründet, die sich (allerdings nur kurz) durch Spenden über Wasser hielten. Die Gründung dieser Lehranstalten ist ein symbolischer Punkt in der politischen Entwicklung des Landes: Die Notwendigkeit, ein Erziehungssystem aufzubauen, das auf nationalen Ideen beruht, wurde offensichtlich."

Hier kommt Aung San Suu Kyis akademischer Exkurs an einem sehr wichtigen Punkt an: Ihr Vater war von dem Studentenstreik so sehr beeinflußt, daß dieser als der Zeitpunkt gesehen werden kann, da Aung San die politische Bühne betritt, die er erst mit seinem Tod 1947 wieder verlassen wird. Aung San kommt in dem Essay seiner Tochter allerdings mit keinem Wort vor. Dieses ist nicht eine weitere Geschichte über die Entwicklung des Nationalhelden, geschrieben aus der Perspektive seiner auf ihn so stolzen Tochter. Dieses ist eine abgehobene und somit faszinierende Geschichte, die die Literaturwissenschaftlerin Aung San Suu Kyi verfaßt. Ebenso neutral und abgehoben beschreibt sie die Ursprünge jenes Rassismus, den sie später so häufig am eigenen Leib zu spüren bekommen wird: „Die zwanziger Jahre werden auch als die *wunthanu*-Ära bezeichnet: *wunthanu* bedeutet die Erhaltung der eigenen Abstammung und wird in diesen Jahren so gebraucht, daß es Patriotismus bedeutet, also man bevorzugt traditionelle Werte und verabscheut ausländische Dinge." Dieser Geist, der immer noch die Worte und Taten ihrer politischen Gegner durchströmt, hat also in Burma, wie auch in anderen Teilen der Welt, seinen Ursprung in den zwanziger Jahren unseres Jahrhunderts. In anderen Teilen der Welt wird diese Geisteshaltung als gefährliches Extrem angesehen, während in Burma, wie wir in späteren Kapiteln sehen werden, dies immer noch als Staatsräson verbreitet wird.

Zurück zu den nationalen Strömungen in der Literaturgeschichte Burmas: „Die dreißiger Jahre sind eine Dekade der Unruhen", schreibt Aung San Suu Kyi. Mehrere indo-burmesische Aufstände finden ihren Höhepunkt in einem Bauernkrieg, der von Hsaya San angeführt wird. Diese Revolte wird manchmal als landwirtschaftliche Unzufriedenheit oder als der ehrgeizige Versuch eines abergläubischen Fanatikers beschrieben, der sich zum König krönen wollte. Was auch immer es war, es inspirierte nationale Gefühle und somit auch Texte. Der Aufstand wurde niedergeschlagen und Hsaya San innerhalb eines Jahres gefangengenommen, später verurteilt und hingerichtet. Obwohl dieser Aufstand keine allgemeine Unterstützung gefunden hatte, zeigte sich die Öffentlichkeit wohlwollend, betroffen insbesondere von der rücksichtslosen Vorgehensweise der Briten.

1930 wird *Dohbama Asi-ayone* gegründet, gemeinhin als die Thakin-Partei bekannt. Die jungen Nationalisten übertrugen die Bezeichnung *Thakin* („Herr") für die Kolonialherren auf sich, um ihr Anrecht auf Selbstbestimmung deutlich zu machen. 1936 gab es einen bedeutenden Universitätsstreik, getragen von radikalen Politikstudenten an der Universität von Rangun, deren Ziel weder eine Doppelherrschaft noch der Status einer britischen Domäne, sondern die Unabhängigkeit sein würde. Das Jahr 1938, als das „Revolutionsjahr 1300" nach dem burmesischen Kalender bekannt, brachte Aufstände von Indo-Burmesen, Arbeitern in der Ölindustrie, von Studenten und Bauern; eine Lage, die sich grundlegend von derjenigen um 1910 unterschied, als sich nur wenige religiöse Verbindungen auf friedliche Weise für den Erhalt burmesischer buddhistischer Werte einsetzten.

Mit diesem Essay beweist Aung San Suu Kyi ein ganz besonderes Geschichtsbewußtsein, das sie von den meisten ihrer Altersgenossen unterscheidet. Aber man muß sich immer wieder vergegenwärtigen, daß dies nicht nur Geschichte für sie ist, sondern ein sehr persönliches Wurzelstudium. Der Universitätsstreik und die *Thakin*-Bewegung sind die Geschichte ihres Vaters und somit ihre Geschichte. Die geschichtliche Entdeckungsreise, die in Kyoto für sie einen vorläufigen Höhepunkt erlebt, ist eine Entdeckungsreise in ihre eigene Vergangenheit. Die Wurzeln der nationalen Unabhängigkeitsbewegung sind auch ihre ganz persönlichen Wurzeln. Und indem sie mehr über die Beweggründe ihres Vaters erfährt, findet sie auch mehr über sich und ihre Beweggründe heraus, die sie wenig später leiten werden.

Aung San Suu Kyi zeigt, wie Geschichte, nationales Selbstbewußtsein und Literatur miteinander verbunden sind. Der Rückgang der Zahl der Klosterschulen und die Einführung von Englisch als der Sprache der Oberschicht nach der Einnahme Oberburmas schwächten die Stellung der burmesischen Sprache. Im Gegensatz zu der Entwicklung in Indien im späten 18. Jahrhundert zogen klassische burmesische Werke zu Beginn der Kolonialzeit nicht die Aufmerksamkeit westlicher Gelehrter auf sich. Erst die Gründung der Forschungsgesellschaft für Burma *(Burma Research Society)* 1910 leitete die systematische Untersuchung und das Wiederaufleben der burmesischen Klassiker ein; die burmesische Sprache selbst wurde erst ein Jahrzehnt später in den Lehrplan der Universität von Rangun aufgenommen.

Der wirtschaftliche Aufschwung der Anfangszeit schuf allerdings eine Leserschaft für Zeitungen, Zeitschriften und Bücher insbesondere religiösen Charakters, aber auch für Dramen, Romane und traditionelle Dichtung. Die Romane zeigten Einflüsse durch das burmesische Theater in Form und Aufbau, doch mit der Zeit verstärkten sich westliche Einflüsse und führten zum Entstehen neuer Stilrichtungen. Der erste moderne burmesische Roman, *Maung Yin Maung Ma Me Ma*, 1904 veröffentlicht, folgte in Teilen dem „Grafen von Monte-Cristo" und läutete eine Reihe beliebter Werke ein.

Aung San Suu Kyi geht im Lauf ihres Essays auf eine Reihe von Schriftstellern ein. Es würde zu weit führen, sie alle zu nennen, da hier besonders Aung San Suu Kyis Beschreibung der politischen Entwicklungen interessiert, weil diese zeigen, wie sich ihr politisches Gespür entfaltet.

So verweist sie auf die Nebenhandlungen der Romane des U Latt, der 1866 in Rangun geboren wird und in einer der ersten Missionsschulen unterrichtet. Sie werfen ein Licht auf die Gesellschaft im Rangun der Jahrhundertwende. In *Shwepyiso* (1914) kehrt ein junger Burmese, Maung Thaung Hpe, als ausgebildeter Anwalt aus England zurück; er kleidet sich nach westlichem Vorbild, benutzt englische Ausdrücke und spricht selbst die burmesische Sprache nach Art der Missionare. Er macht Karriere, zeigt aber keinerlei Dankbarkeit gegenüber seinem Vater, der sich bei einem indischen Geldverleiher hoch verschuldet hatte, um seinem Sohn die westliche Ausbildung zu ermöglichen. Der Vater sucht schließlich in traditionell burmesischer Weise Zuflucht in der Religion und wird Mönch. Da Maung Thaung Hpe weiter Karriere zu machen scheint, darf man fragen, ob solch unerwarteter Realismus eine Lage widerspiegelt, in der der *wunthanu*-Geist, der ja die burmesische Kultur vor zersetzenden westlichen Einflüssen schützen wollte, durch das Bewußtsein der praktischen Vorteile einer westlichen Ausbildung gefährdet war. Dieses deutet auf das Dilemma hin, in dem sich viele asiatische Kolonien vor die Entscheidung gestellt sahen, was an Kulturgut beibehalten, was angenommen und was zurückgewiesen werden sollte.

Aung San Suu Kyi befand sich selbst in einer ähnlichen Lage: Sie hat während ihrer langen Jahre im Ausland immer darauf geachtet, ihre burmesische Sprache zu pflegen und in Kontakt mit ihrer Heimat und deren Kultur zu bleiben. Doch auch sie hat viele Strömungen ihrer jeweiligen Wahlheimat in sich aufgenommen, manches aber auch entschieden zurückgewiesen.

Wachsende Abneigung und Unwillen gegenüber Einwanderern, schreibt Aung San Suu Kyi weiter, die in den nächsten Jahrzehnten erstarken und in Rassenunruhen enden sollten, können in *Zabebin* (1912) hinter dem urbanen Humor des Autors bezüglich einer indischen und einer chinesischen Nebenfigur erahnt werden. Aung San Suu Kyi ist es wichtig, diese sozialen und politischen Strömungen in den Romanen aufzuzeigen, und so bekommt der Leser einen guten Eindruck, wie sich ihre Neigungen zur Politik hin entwickeln.

In den Werken des Thakin Kodaw Hmaing tauchen erste Anzeichen politischen Bewußtseins auf. Auch der Vater Aung San Suu Kyis war ein Thakin, und so ist ihre Hervorhebung dieses Autors besonders interessant. Genau wie Aung San später wird auch Kodaw Hmaing traditionell in einem Kloster in Oberburma aufgezogen und sah mit an, wie britische Truppen in Mandalay König Thibaw und die Königin aus ihrem Palast vertrieben, der erste Schritt auf ihrem Weg in das indische Exil. Dieses einschneidende Ereignis verletzte den burmesischen Nationalstolz sehr. Kodaw Hmaing wurde ein vielbeschäftigter Journalist, doch sein Ruf als patriotischer Schriftsteller festigte sich mit längeren Essays, veröffentlicht unter dem Titel *tikas,* die den Fortschritt der burmesischen Nationalbewegung sozusagen dokumentieren. Diese Nationalbewegung brachte auch Aung San Suu Kyis Vater hervor. Sie selbst steht somit in der Tradition Kodaw Hmaings.

Boh Tika („Über Europäer"), 1913 geschrieben, spiegelt das frühe *wunthanu*-Bewußtsein der Probleme, die durch die Kolonialherrschaft entstanden, und den Wunsch, traditionelle burmesische Werte zu schützen, wider. In einem Abschnitt werden die Heirat eines jungen Paares in Oberburma und ländlicher Überfluß an Land, Vieh und Getreide beschrieben.

Übergreifende wirtschaftliche Zwänge, denen sich das Paar nicht entziehen kann, führen dennoch zu ihrer Verschuldung. Schulden und Landentfremdung werden mithin als Zerstörer ländlicher Idylle dargestellt. Auch die Verheiratung burmesischer Frauen an Ausländer wird durch wirtschaftliche Notwendigkeit erklärt; drei Jahre nach der Veröffentlichung von *Boh Tika* verabschiedete die YMBA (Young Men's Buddhist Association) daher eine Resolution, die solche Heiraten verbot.

Obwohl traditionell bestimmt, war Hmaing offen für den Geist der Zeit, und seine Dramen, Romane, Zeitungsartikel, Essays und Gedichte ergeben ein beinahe vollständiges Bild der literarischen und politischen Entwicklungen in Burma vor dem Zweiten Weltkrieg. Zum Ende seiner Karriere unterstützte er, ein überzeugter Buddhist, linksgerichtete politische Strömungen, die von westlichem Gedankengut und Erziehung beeinflußt waren, obgleich nicht sicher ist, wie weit er sich die marxistisch-sozialistischen Ideen seiner Schüler wirklich zu eigen machte.

In den Jahren 1933 und 1934 wurden Anthologien mit *khitsan*-Geschichten und *khitsan*-Gedichten veröffentlicht. Der Ausdruck *khitsan* bedeutet „das Zeitalter auf die Probe stellen", und die Autoren waren Studenten des ersten burmesischen Professors an der Universität von Rangun, U Pe Maung Tin. Sie waren in einem klaren und einfachen Stil geschrieben.

Der Nationalgeist der *khitsan*-Autoren kam in dem Versuch zum Ausdruck, der burmesischen Sprache und Literatur neues Leben zu verleihen, indem man sie der Moderne anpaßte, nicht in offen politischen Werken. Sie können so als Bindeglied zwischen dem alten *wunthanu*-Geist und den jungen Revolutionären verstanden werden, die in westlichem Gedankengut und Traditionen einen ideologischen Rahmen für ihre politischen Ziele suchten.

Aung San Suu Kyi setzt sich aber in ihrer Analyse der Literatur von jeglicher Gewaltbereitschaft ab. Sie geht dann auf ein anderes Thema ein, das ihr besonders am Herzen liegt: die

Beziehungen zwischen den verschiedenen Volksstämmen Burmas, die den Hintergrund für viele historische Romane bilden. Natshinnaung etwa deutet an, daß die Unterdrückung der Mon in Unterburma zum Fall des Königreiches von Hanthawadi beitrug; *Thabon-gyi* zeigt die Politik des *Divide et impera* der ausländischen Herrscher; *Sihtwet thu* hingegen sieht die anti-buddhistischen Shan als Gegner an.

Mit dem Wachsen der Nationalbewegung erkannten ihre politischen Führer die große Bedeutung einer Einigung der vielen Gruppen, die diese Nation ausmachten, und Romane, die während der Kriege zwischen den Mon und den Burmesen spielen, werden nun als diese Einigung gefährdend angesehen.

Die enge Verbindung von Literatur und Nationalbewußtsein in Burma, so Aung San Suu Kyi abschließend, läßt sich bis zum Beginn der britischen Kolonialherrschaft zurückverfolgen, als Klagegedichte über die Vertreibung des Königs Thibaw zu einem neuen Genre, den *pa-daw-hmu* („Ausweisung des königlichen Paares"), führten. Der Wunsch nach einer selbstbestimmten Zukunft kam nicht nur in den zahlreichen Aufständen zum Ausdruck, die von den Briten während der sogenannten „Befriedung Burmas" niedergeschlagen wurden, sondern auch in der Form prophetischer Verse, die das Ende der Kolonialherrschaft voraussagten, den *tabaung*. Der beliebteste der Autoren dieser Gedichte, U Saw Hla, wurde sogar von der britischen Regierung verhaftet, die sich also der politischen Bedeutung der Literatur unter der frühen Kolonialherrschaft bewußt war.

Im Gegensatz zu anderen Kolonien wie Indien oder Indonesien, die früher als Burma besetzt worden waren, spielte die westliche liberale Tradition des 18. Jahrhunderts keine Rolle, so daß sozial und politisch ausgerichtete Werke nicht in dem Maße wie etwa in Indien als Leitfaden zu dem Gedankengut der burmesischen Nationalbewegung angesehen werden können. Doch Dichtung und erzählende Literatur ermöglichen einen Einblick in die Gedanken und Gefühle zumindest der beleseneren Bevölkerungsschichten, Gedanken, die das burmesische Volk auf dem Weg zur Unabhängigkeit erfüllt.

Die vergleichenden Studien der Erfahrungen verschiedener Völker zu Zeiten des Kolonialismus beschäftigen Aung San Suu Kyi noch länger. Sie schreibt darüber eine eigene Studie.

Indien und die Studie über Kolonialismus

Von Kyoto aus fährt Suu nach Burma. Es ist einer ihrer vielen Besuche in ihrer Heimat. Dieses Mal ist der Besuch besonders gefühlsgeladen: Voller Eindrücke und neuer Erkenntnisse über ihren Vater und über sich selbst kehrt sie in ein Land zurück, das unter zwei Jahrzehnten Willkürherrschaft Ne Wins leidet. Der alternde Militärdiktator war einer von Aung Sans *30 Kameraden* gewesen. Aung San und Ne Win waren aber nie Freunde gewesen, Ne Win mag sogar dem jungen Helden seinen Ruhm verübelt haben: Aung San wird als Gründer der burmesischen Armee verehrt, eine Tatsache, die dem Militärmachthaber übel aufstoßen mußte. Aber sie hatten zusammen gekämpft und gesiegt. Und Ne Win wußte besser als alle anderen, wie anders Burmas Geschichte und die Rolle der Armee darin verlaufen wäre, wenn Aung San überlebt hätte.

Aung San Suu Kyi wußte um ihres Vaters Pläne und Ziele für die Armee, die er gründete. Und Ne Win wußte, daß sie es wußte. Niemand hatte die Schriften Aung Sans intensiver studiert als seine Tochter. Und diese Schriften besagten, daß die Streitkräfte für die Verteidigung dieser Nation und dieses Volkes gedacht seien, und sie eine Kraft sein sollten , die die Ehre und den Respekt des Volkes genießt. Wenn dagegen die Streitkräfte vom Volk gehaßt werden sollten, dann wäre alles vergebens gewesen, all die Ziele wären nicht erreicht worden, die bei dem Aufbau der Armee gesetzt worden sind. Und dieses sieht Aung San Suu Kyi bei ihrem Zwischenstopp in Rangun jetzt schon ganz deutlich. Die Streitkräfte und ihr greiser Anführer werden vom Volk gehaßt. Das Vermächtnis ihres Vaters wird von seinen Nachfolgern in der Armeeführung mit Füßen getreten.

Suu reist bedrückt wieder ab. Sie verläßt Burma, um zu ihrem Mann und ihrem ältesten Sohn zu stoßen, die sich in

Simla in Indien aufhalten. Michael Aris hatte, als seine Frau das Gaststipendium für Kyoto bekam, einen Ruf als Fellow an das Indische Institute of Advanced Study angenommen. Als Suu in Simla ankommt, wird ihr eine ähnliche Position angeboten. Sie nimmt an und arbeitet an einer vergleichenden Studie über den burmesischen und indischen Nationalismus in den Jahren zwischen den beiden Weltkriegen. Sie nimmt also den Faden wieder auf, den sie in Kyoto bereits anfing zu spinnen. *Burma and India: Some Aspects of Intellectual Life under Colonialism,* das Resultat ihrer Arbeit, wird erst 1990 veröffentlicht, als Suu bereits in Burma unter Hausarrest steht.

Ihre Forschungen sind eng mit ihrer eigenen intellektuellen Entwicklung verbunden. Der Vergleich der Geschichte Indiens und Burmas läßt Gandhis Philosophie als die angebrachte Basis für die moralischen und praktischen Antworten auf die Fragen erscheinen, die die burmesische Gegenwart stellt. Und so wird ihre Erkenntnis der Relevanz und Wichtigkeit der Lehren Gandhis für Burma Aung San Suu Kyis Beitrag zur modernen Geschichte Burmas, die weit über die Tatsache hinausreicht, daß sie die Tochter ihres Vaters ist. Fast zehn Jahre später wird sie bei einem Interview allerdings betonen: „Ich verstehe mich weder als eine Jüngerin Gandhis noch als eine buddhistische Politikerin. Natürlich bin ich Buddhistin und lasse mich von all den buddhistischen Grundsätzen leiten, die ich mir im Lauf meines Lebens zu eigen gemacht habe. Die Tatsache, daß ich für die Männer, die Burmas ‚erste Unabhängigkeitsbewegung' angeführt haben, Bewunderung hege, bedeutet natürlich auch, daß ich bis zu einem gewissen Grad von ihren Auffassungen und Handlungsweisen beeinflußt wurde. Doch der Hauptgrund, warum ich gegen Gewalt bin, liegt in meiner Überzeugung, daß damit nur die Tradition auf Dauer fortgesetzt würde, politische Veränderungen mit Waffengewalt zu erzwingen."

Der Ausgangspunkt ihrer Studie ist eine wohlbekannte Gemeinsamkeit vieler Unabhängigkeitsbewegungen Südasiens: Sowohl in Indien wie in Burma stieß die Bewunderung für europäische Kultur mit der brutalen Realität der politischen und militärischen Dominanz der Briten in den Kolonien zusammen. Dies veranlaßte die lokalen Denker dazu, nach einer fundamental burmesischen beziehungsweise indischen Identität und Ideologie zu suchen, die aber auch die besten Errungenschaften der europäischen Erfahrung beinhalten sollte. Aung San Suu Kyi betont in ihrer Monographie erstens die dörfliche Basis des burmesischen Demokratieverständnisses und die relative Abwesenheit hierarchischer Strukturen in der burmesischen Geschichte; zweitens die typisch burmesische Anschauung, daß Erziehung eine moralische Aufgabe und Aktivität ist, die alle Aspekte des Individuums und der Nation umfaßt; und drittens betont sie den relativ kurzen Zeitraum, den die burmesische Führungsschicht zur Verfügung hatte, um in ihren Ideen und Prinzipien zu reifen. In ihrer Behandlung dieser Themen kann man am klarsten sehen, warum sie den gewaltlosen Gandhischen Weg zur Demokratie als den einzig wahren, historisch legitimierten und vor allem realistischen Weg für Burma sah. „Für mich ist es eine rein praktische Frage. Wenn Sie in diesem Land eine gesicherte demokratische Tradition begründen wollen, dann besteht eine der wesentlichen Voraussetzungen für die Erreichung dieses Ziels darin, eine politische Änderung mit friedlichen Mitteln herbeizuführen – indem Sie das Volk über die Wahlurne um seine Meinung fragen – und nicht durch den Einsatz von Waffengewalt. Wenn Sie eine Demokratie wollen, müssen Sie deren Grundsätze vorleben; Sie müssen als Politiker konsequent sein", sagt Aung San Suu Kyi, als sie bereits in sechs Jahren Hausarrest diese Grundsätze vorgelebt hatte.

„Eine vergleichende Studie über die Literatur zweier verschiedener Länder kann leicht Gefahr laufen, zu verallgemeinern, zu vereinfachen und der Versuchung zu erliegen, Unterschiede oder Ähnlichkeiten dort zu finden, wo eigentlich keine existieren", schreibt Aung San Suu Kyi in ihrer Studie. Andererseits ermöglicht die vergleichende Methode, die Charakteristiken einer Tradition hervorzuheben, die durch den sozialen und politischen Kontext eines Landes bestimmt sind. Daher profitiert die Literaturwissenschaft von der Analyse dieses Kontextes, der Gesamtheit der Denkweise, Ideen und Glaubensrichtungen einer Kultur. Obwohl Aung San Suu Kyi also den Vergleich beabsichtigte, sollen hier besonders die Burma betreffenden Auszüge hervorgehoben werden:

„Burma", so schreibt Aung San Suu Kyi, „war seit seiner frühesten Geschichte offen für die kulturellen Einflüsse Indiens. Der wichtigste unter diesen war der Buddhismus, der sich zu einem so integralen Bestandteil der burmesischen Wesensart entwickelte, daß ‚Burmese zu sein bedeutet, Buddhist zu sein'. Daher können buddhistische Glaubensvorstellungen und buddhistisches Denken, die ursprünglich aus Indien stammten, als typisch burmesisch betrachtet werden, im Gegensatz zu der vornehmlich hinduistischen Geisteshaltung Indiens."

Die Zeit und die Umstände, unter denen Indien und Burma in das Britische Empire einverleibt wurden, unterschieden sich erheblich. Die Eroberung Indiens erstreckte sich über 200 Jahre. Im Gegensatz dazu vollzog sich die Eroberung Burmas in drei klaren Phasen innerhalb eines halben Jahrhunderts. Die Monarchie, obwohl innenpolitisch schwach, aber militärisch stark, hatte Burma zu einer quasi-imperialen Macht in Südostasien gemacht. Gleichgültigkeit gegenüber dem Rest der Welt war typisch für Burma, so daß das Ergebnis des anglo-burmesischen Krieges von 1885 ein böses Erwachen darstellte. Burma wußte nicht mit der neuen Erfahrung der Eroberung umzugehen, der bald kulturelle Dominierung folgen sollte. Nach dem Fall von Mandalay waren die Briten zunächst unschlüssig, was sie mit ihrer neuesten kolonialen Erwerbung machen sollten, aber Anfang 1886 wurde Burma ein Teil des indischen Empires.

Am Ende des 19. Jahrhunderts verhärtete sich das imperialistische Denken. Die Briten exportierten nun eine Art Pauschalzivilisation in ihre Kolonien. Die Völker des Empires reagierten darauf unterschiedlich. Die Hindus und Moslems Indiens gaben nach, aber zerbrachen nicht. Nachzugeben ohne zu zerbrechen war eine pragmatische wie philosophische Einstellung, die die Inder während ihrer zahlreichen Begegnungen mit fremden Eroberern entwickelt hatten. In diesem Sinne waren sie für den Kolonialismus besser gerüstet als die Burmesen.

Während sich die indische Intelligentsia mehr und mehr mit den ins Land fließenden Ideen auseinandersetzte, lebten die Burmesen noch ganz in ihrer alten Tradition. Daher zog der Geist der Aufklärung, der die indische Renaissance auslöste, an Burma vorbei, das noch ganz im Stolz auf die eigene Tradition gefangen war.

In Indien hatte die Arbeit westlicher Orientalisten erheblich zur Entstehung der indischen Renaissance beigetragen. Diese betrachtete die Studien von Sanskritwerken als ernsthafte Wissenschaft, und ihre Übersetzungen vieler Texte ins Englische ermöglichte es erst vielen Indern, ihr klassisches Erbe kennenzulernen. In Burma dagegen betrachteten die Briten dieses Erbe als wenig akademisch wichtig. Das 1873 gegründete Rangoon College hatte Burmesisch nicht einmal auf dem Lehrplan.

Selbst als das Anwachsen des Reishandels in den dreißiger Jahren des 19. Jahrhunderts zu einer zunehmenden Abwanderung ins britische Territorium führte, glaubten die Burmesen noch, die Präsenz einer fremden Macht ignorieren zu können. Die buddhistische Gesellschaft Burmas war erstaunlich frei von sozialer Ungerechtigkeit und Klassenunterschieden. Das Leben im burmesischen Dorf – und Burma war ein Land von Dörfern, die der König in der fernen Hauptstadt ihrer Selbstverwaltung überließ – stellte ein so idyllisches Bild dar, daß ein früher britischer Verwalter schrieb: „In Burma war nur die Zentralregierung schlecht und korrupt. Die sozialen Verhältnisse des Volkes waren bewundernswert. Es war gut, daß die verkommene Zentralverwaltung wenig Einfluß auf das Leben des Volkes hatte."

In Burma ging ein solides soziales System mit politischer Unreife einher. Die Erfahrung mit der königlichen Regierung führte dazu, daß sich die Burmesen so weit wie möglich von der Zentralregierung fernhielten. 1884 beobachtete Chief Commissioner Phayre, daß sich die Burmesen der britischen

Regierung nur in begrenztem Maße bewußt waren. Um dies zu ändern, schlug er die Einführung von Distriktschulen in jedem Landkreis vor, die die Missionsschulen unterstützen sollten und in denen Englisch gelehrt werden sollte.

Phayre erkannte, daß Burmesisch eine zentrale Rolle im Bildungswesen spielte. Auch wenn Burma ein Land zahlreicher Volksgruppen und Dialekte war, wurde Burmesisch von drei Vierteln der Bevölkerung gesprochen und konnte daher als Landessprache gelten. Die Mehrheit der Burmesen konnte außerdem schreiben und lesen, was sie in den traditionellen Klosterschulen lernten. Diese grundlegende Bildung war weit verbreitet. Die Verbindung zwischen Bildung und Religion war daher eng, da die Klöster die traditionellen Bildungs- und Lehrstätten Burmas waren.

Mit der Zeit mußten aber auch die Burmesen – wie der Rest der kolonialen Welt – erkennen, daß sie, um im Empire vorwärtszukommen, Englisch lernen und sich eine grundlegende westliche Bildung verschaffen mußten. Unterburma war dabei Oberburma voraus. Es ist möglich, daß die Arakanesen Unterburmas, die historisch kulturelle und politische Verbindung mit Bengalen hatten, ausländischen Einflüssen gegenüber offener waren. Mit ihrem Übertritt zum Christentum erhielten außerdem viele Karen eine Schulbildung durch die Missionen und entwickelten sich zu einer modern gebildeten Schicht. Abgesehen von diesen, waren die Einwanderer, deren Anzahl rapide anwuchs, unter den ersten, die von der westlichen Bildung profitierten. Die Kolonialverwaltung förderte die Immigration von Indern und Chinesen, da die Burmesen wenig Sinn für Handel hatten, der in ihrer traditionellen Agrarwirtschaft kaum eine Rolle gespielt hatte. Die Immigranten begannen daher schnell, den Handel zu dominieren. Auch führte die vermehrte Landbebauung zu einem erhöhten Bedarf an Arbeitskräften, die zum großen Teil aus Indien kamen. Inder und Chinesen begannen eine wichtige Rolle in der Wirtschaft des Landes zu spielen, und der unkontrollierte Zustrom von Ausländern war einer der Hauptgründe für den Verfall der traditionellen Gesellschaftsordnung. Die von der Kolonialregierung geschaffenen Möglichkeiten (vor allem in der Lehre und Verwaltung) waren für die Burmesen oft nicht erreichbar.

Das Tempo der Veränderung unter den Briten war alarmierend. Neue urbane und kommerzielle Zentren – wie Rangun als das neue Verwaltungszentrum – mit kosmopolitischem Charakter schossen in Unterburma aus dem Boden. Am Anfang des 20. Jahrhunderts mit dem sich beschleunigenden Zusammenbruch der alten Ordnung wurde zunächst im Bereich der Religion Alarm geschlagen. Nach dem Fall der Monarchie schafften die Briten auch die religiöse Führung ab. Dies führte zum Zusammenbruch der klösterlichen Ordnung, was – zusammen mit der Sorge, daß der Buddhismus unter fremder Herrschaft verkümmern würde – die Mönchsschicht zu einer führenden Kraft in der Unabhängigkeitsbewegung machte. 1897 wurde die *Buddha Sasana Noggaha Association* zur Erhaltung und Förderung des Buddhismus gegründet. Da Burma so mit dem Buddhismus identifiziert war, fühlten sich die Burmesen in ihrer nationalen Identität durch die Immigranten, deren bedeutende Rolle im kolonialen Burma und die daraus folgende soziale und rassische Vermischung bedroht. Der Nationalismus war daher Teil des traditionellen Gedankenguts, im Gegensatz zu Indien, wo er eine direkte Reaktion gegen die britische Kolonialherrschaft war. In Indien waren außerdem Engländer an der Unabhängigkeitsbewegung beteiligt, was in Burma nicht der Fall war. Dies lag an der Geschlossenheit der burmesischen Gesellschaft. Fremdes Gedankengut mußte auf burmesische Weise neu definiert werden, bevor es akzeptiert werden konnte. Auf merkwürdige Weise schien den Burmesen kulturelle Integrität wichtiger als ethnische Identität. Dieser kulturelle Chauvinismus ist überraschend modern, da er auf einer Assimilierung neuer Ideen durch die bestehende Kultur beruht.

Sprache und Gedankengut sind eng verbunden. Die schnelle Annahme des Englischen als der Sprache des Empires durch die Hindus gab ihnen die Möglichkeit, im politischen und intellektuellen Bereich voranzukommen. Da sie die Sprache der westlichen Akademiker beherrschten, wurde ihre Meinung ernst genommen. Die Führer der indischen Unabhängigkeitsbewegung waren westlich gebildet und sprachen Englisch, was ihre Ideen beeinflußte. In Burma dagegen kamen die Probleme der Kolonialzeit zunächst in der modernen populären Literatur zum Ausdruck und waren nicht das Gedankengut einer neuen gebildeten Klasse. Dies sollte den Ton für die weitere Entwicklung angeben.

Die Gründung der *Burmese Research Society* 1910 durch den Briten Furnivall jedoch schuf eine Möglichkeit, das Erbe Burmas im Lichte moderner Lehren zu betrachten. Inspiriert durch die *Siam Society* war es Furnivalls Ziel, Burmesen und Engländer, die ein gemeinsames Interesse an der Wohlfahrt des Landes hatten, zusammenzubringen. Die Zeitschrift der *Burmese Research Society*, die bis in die achtziger erschien, ist nach wie vor eine wichtige Quelle für akademische Veröffentlichungen über die Geschichte, Sprache, Kultur und Geographie Burmas. Dennoch gelang es auch der Society nicht, die Barrieren zwischen modernen und traditionellen Akademikern zu überwinden. Die englisch ausgebildeten Intellektuellen fühlten sich außerstande, die traditionellen Werte zu untersuchen, da sie keine Kenntnisse der klassischen Sprache und Kultur hatten. Die Gelehrten der alten Schule waren zu eng mit den Traditionen verbunden, um sie objektiv betrachten zu können. Das Ziel der Society, eine lebendige Verbindung zwischen Vergangenheit, Gegenwart und Zukunft zu schaffen, war ganz im Sinne einer Renaissance, die jedoch nicht zur Blüte kommen sollte.

Einer der Gründe hierfür war die Abwesenheit des Adels und einer begüterten Schicht zwischen König und Landbewohnern. Es gab keine Roys, Tagores oder Nehrus, die die Mittel und Zeit besaßen, Wissen um des Wissens willen zu erlangen, zu reisen und andere Kulturen kennenzulernen. Durch die Denker der indischen Renaissance floß das aufgeklärte und liberale Gedankengut des 19. Jahrhunderts in das 20. hinein; sie beeinflußten die Mittelschicht, die wiederum ihre Ansichten weiterverbreitete. In Burma, wo eine solche intellektuelle Führung fehlte, war das Volk sich selbst überlassen. Geschichtlich hatten die Burmesen sehr viel Respekt für Bildung. Im Gegensatz zu Indien, wo diese den höheren Kasten vorbehalten gewesen war, war die weitverbreitete Bildung Burmas eng mit dem Buddhismus verbunden. In diesem Sinne bedeutete sie mehr als die reine Erwerbung von Gelehrsamkeit, sondern das Erlangen völligen Wissens, das zur Erleuchtung führt. Ein Volk mit einem solchen Verständnis von Bildung und Lehre konnte sich nicht leicht mit der britischen Bildungspolitik anfreunden, die sie als praktische Ausbildung für moderne Tätigkeiten und Arbeitsplätze ansah. Auch wenn die Burmesen erkannten, daß sie sich in dieses Bildungssystem fügen mußten, näherten sie sich ihm doch ohne intellektuelle Neugier und statt dessen mit einer praktischen und materialistischen Einstellung. Ihr jahrhundertealtes Verständnis, daß wahres Wissen nur in der Lehre Buddhas zu finden war, blieb erhalten. Dazu kam eine tiefverwurzelte Ablehnung des Elitetums. Bildung sollte für alle zugänglich sein. Dies führte zum Boykott gegen den Rangoon University Act von 1920, mit dem die Briten durch die Einführung von strengeren Auswahlverfahren versuchen wollten, akademische Standards zu verbessern. Ein Volk, das keine wirkliche Führung von seinen Herrschern erfahren hatte (außer auf dem Schlachtfeld), konnte den Versuch, eine gebildete privilegierte Oberschicht zu schaffen, weder verstehen noch willkommen heißen. Das wichtigste Ergebnis des Boykotts war die Gründung der Nationalen Schulen mit Hilfe öffentlicher Gelder. Obwohl wenige den ersten Schwung der Begeisterung überlebten, war ihre Wirkung weitreichend. Sie schufen eine Gruppe von Studenten, deren Bildung auf einer Verbindung burmesischen und westlichen Gedankenguts beruhte.

In Indien hingegen war die politische und intellektuelle Führung mehr oder weniger ein und dieselbe. Außerdem hatte es vom späten 19. Jahrhundert bis zur Unabhängigkeit eine durchgehende Reihe von fähigen Führern gegeben. Dies schuf einen festen Rahmen für die sozialen und politischen Entwicklungen und Bewegungen. Burma entwickelte sich fragmentarischer.

Aung San Suu Kyi wird in dieser Monographie viel persönlicher als in der früheren: So stellt sie unter anderem fest, daß ihr Vater Aung San bereits als Student während der dreißiger Jahre das Fehlen fähiger Führungspersönlichkeiten erkannte. Er gehörte zu der Generation von Studenten, die in der Ideologie der Nationalen Schulen aufgewachsen war und deren Suche nach einer Philosophie für die Unabhängigkeitsbewegung sie zum Sozialismus führen sollte.

Dieses Fehlen fähiger Führungspersönlichkeiten setzt sich nach Aung San Suu Kyis Meinung bis in die heutige Zeit fort. Sie verwies auf die politische Unreife des Systems, als ich sie in einem Interview nach dem Grund befragte, warum sie die Nachfolge ihres ermordeten Vaters angetreten hätte. In zweieinhalb Jahrzehnten Militärdiktatur konnte einfach keine neue Generation von Politikern nachwachsen, lautete die Antwort. Aber alle erinnern sich an Aung San. Und so kommt er auch in ihrer Studie über die Erfahrung Indiens und Burmas zu Zeiten des Kolonialismus wie selbstverständlich vor. Nicht als ihr Vater, sondern als der Führer der Unabhängigkeitsbewegung. Später wird sie sagen, daß die Demokratiebewegung wie eine zweite Unabhängigkeitsbewegung ist.

Sie geht zurück in die Vergangenheit, um die Grundlagen der politischen Entwicklung Burmas aufzuführen.

In den zwanziger Jahren hatte sich ein politisches Bewußtsein entwickelt, von einer Reihe bedeutsamer, aber unzusammenhängender Ereignisse inspiriert. Das nächste Jahrzehnt war eine Periode der Veränderung und Revolution, in der die junge Generation nach einer Verbreitung der Unabhängigkeitsbewegung und der Entwicklung eines intellektuellen Rahmens für diese strebte.

1930 wurde die *Dohbama-Asi-ayone*-Bewegung gegründet, die eine wichtige Rolle in der Unabhängigkeitsbewegung spielen sollte. Die *Dohbama Asi-ayone* war das direkte Resultat der indo-burmesischen Aufstände vom Mai 1930, die ihren Ursprung in Zusammenstößen zwischen streikenden indischen Hafenarbeitern und den Burmesen, die als Streikbrecher eingestellt worden waren, hatten. Der burmesische Widerstand gegen die vorherrschende Rolle, die die Einwanderer in der Wirtschaft spielten, entlud sich in diesem Konflikt. Der Kampfschrei der Burmesen, *Dohbama* – wir Burmesen – inspirierte einen jungen Universitätsassistenten zur *Dohbama Asi-ayone* (Organisation der Burmesen). Ihr Slogan war „Rasse, Sprache, Religion". Ihre Mitglieder begannen sich bald nach einer Ideologie, die ihre Unabhängigkeitsbewegung leiten konnte, umzusehen.

Sozialistische Literatur wurde in Burma um 1931 herum erhältlich. Der *Burma Book Club* war dabei die Hauptquelle von marxistischen und sozialistischen Werken. Die Verbreitung sozialistischer Sympathien unter jungen Burmesen ist oft mit wirtschaftlichen und politischen Ursachen erklärt worden. Jedoch war die burmesische Gesellschaft mit ihren buddhistischen Werten, in der es weder extreme Klassenunterschiede noch Armut gab, kein offensichtlicher Kandidat für die sozialistische Ideologie. Es war der Widerstand gegen den Imperialismus, der den Sozialismus für die jungen burmesischen Nationalisten attraktiv machte. Sie waren vom Zeitgeist beeinflußt, der die linke Ideologie als progressive Alternative zum Kapitalismus und Imperialismus ansah. Hinzu kam, daß das intellektuelle Klima Burmas bereit war für eine so weitreichende Bewegung wie den Sozialismus. Unter den Burmesen gab es junge Intellektuelle, die darauf aus waren, sich mit neuen Theorien, Konzepten und Herausforderungen auseinanderzusetzen. Ihre Generation war mit der englischen Bildung ausgerüstet und mit dem modernen burmesischen Pressewesen und der modernen Literatur aufgewachsen, so daß sie in der Lage war, neue Ideen unter der Bevölkerung zu verbreiten.

Das Militär wird Aung San Suu Kyi später immer wieder vorhalten, daß sie und ihr Vater sozialistischen Ideologien anhängen würden. Sie hat die Aussage über ihren Vater immer damit relativiert, daß er viel zu pragmatisch gewesen sei, um ein Ideologe zu sein. Daß er aber sehr wohl mit den Kommunisten zusammengearbeitet habe, um die Unabhängigkeit zu erringen. Sie selbst sei alles andere als eine Sozialistin; dafür habe sie zu genau gesehen, was im Namen des Sozialismus in ihrem und in anderen Ländern geschehen sei.

In den Jahren vor dem Ausbruch des Zweiten Weltkrieges suchten die Mitglieder der *Dohbama Asi-ayone* nach Taktiken zum Erlangen der Unabhängigkeit. In dieser Zeit wurde sich die Bewegung der Vielschichtigkeit der burmesischen Gesellschaft mit ihren unterschiedlichen Volksgruppen, zu denen auch die Nachkommen der Immigranten gehörten, bewußt. Die junge Führung der Bewegung erkannte die Notwendigkeit, über traditionelle rassische Werte hinauszuwachsen. Dieser ehrliche Mangel an Chauvinismus, verbunden mit dem Verlangen, vom Rest der Welt zu lernen, zeichnete die Männer aus, die in den dreißiger Jahren als Führer der Bewegung hervortraten. Doch diese Persönlichkeiten kamen zu spät, um vor dem Ausbruch des Krieges entscheidende Veränderungen zu erreichen.

Der Vormarsch der Japaner brachte neue Probleme. Die Burmesen mußten mit einem asiatischen Volk fertig werden, dessen Errungenschaften sie bewundert hatten und die sich ihre Verbündeten nannten, doch sie mit der Arroganz und Brutalität von Eroberern behandelten.

Dem burmesischen Volk fehlte Führung, die ihm geholfen hätte, die Herausforderungen zu meistern, die die Konfrontation mit fremden Werten mit sich brachte. Sie lernten nur langsam, fast unmerklich langsam, sich den neuen Gegebenheiten anzupassen. Gegen Ende der britischen Herrschaft traten einige Führer hervor, die die Notwendigkeit sahen, einen breit integrierenden Ansatz zu wählen und eine Philosophie zu entwickeln, die mit modernen Entwicklungen fertig werden konnte. Aber im Ganzen veränderten sich die traditionellen Werte der Burmesen, weil sie es wollten und nicht weil sie von dynamischen Führungspersönlichkeiten mitgerissen wurden. Sie folgten nur den Führern freiwillig, die in der Lage waren, mit ihnen in ihrer Sprache zu kommunizieren. Der Gründer der *Dohbama Asi-ayone* realisierte, daß Sprache, gepaart mit Rasse und Religion, die Hauptquelle der burmesischen Identität war. Selbst als die jungen revolutionären Politiker die Vorstellung von Rasse und Religion aus dem Konzept für eine moderne Nation beseitigten, wurde doch der Wert der burmesischen Sprache als einigender Faktor stillschweigend beibehalten.

Die Aspekte des intellektuellen Lebens, auf die sich diese Studie konzentriert, legen eine enge Verbindung zwischen Nationalismus und intellektuellen Entwicklungen in Burma und Indien während der Kolonialzeit offen. Die indische Gesellschaft, die an die Tradition privilegierter Kasten gewöhnt war, akzeptierte die intellektuelle Elite, die aus der indischen Renaissance hervorging und viele ihrer nationalen Führer hervorbrachte. Diese Elite strebte eine harmonische Verbindung zwischen westlichem Gedankengut und hinduistischer Philosophie an. In Burma dagegen sprachen die traditionellen Einstellungen einer im wesentlichen egalitären Gesellschaft gegen die Vorstellung einer Elite. Hinzu kam, daß die erste Generation der Burmesen, die ihre Erziehung im kolonialen System erhielten, fast keine Ahnung von der klassischen Geisteslehre ihres eigenen Landes hatten. Und so entstand eine gewisse Distanz zwischen ihnen und den traditionellen Gelehrten und der Bevölkerung. Westliche Erziehung und traditionelle Lehre begannen erst in den dreißiger Jahren zusammenzuwachsen, als das Studium der burmesischen Sprache und Literatur ein wesentlicher Teil des Erziehungssystems wurde. Die jüngeren Führer, die Produkte dieses Systems waren, bemühten sich, den nationalistischen Bestrebungen ein ideologisches Gerüst zu geben, das nicht nur für die Burmesen, sondern für alle in Burma lebenden Völker akzeptabel war. Aber zwischen der alten Führungsriege und den jungen Politikern, die nach dem Krieg die Unabhängigkeitsbewegung anführen sollten, blieb immer eine intellektuelle, man kann sogar sagen kulturelle Kluft.

„In Burma", schreibt Aung San Suu Kyi abschließend, „bedeutete die Abwesenheit einer Elite, daß es niemanden gab, der die Menschen anspornen konnte, größere Leistungen anzustreben. Die jüngere Generation von Führungspersönlichkeiten erschien zu spät vor dem Ausbruch des Zweiten Weltkriegs, um wirkliche Veränderungen in Gang zu setzen. Die Entwicklungen in Burma nach 1940 waren hektisch und änderten sich häufig; und bis zu diesem Tag bleibt es eine Gesellschaft, die nur darauf wartet, zu zeigen, was in ihr steckt."

Aung San Suu Kyis Studie ist viel mehr als nur ein akademischer Vergleich der Geschichte Indiens und Burmas und ihrer Wege in die Unabhängigkeit. Dieser Exkurs, zusammen mit der in Kyoto verfaßten Literaturgeschichte, der Landeskunde und ihrem biographischen Essay über ihren Vater zeigen sehr deutlich, daß Aung San Suu Kyi politisch alles andere als unbedarft ist, als sie an die Spitze der Demokratiebewegung gespült wird. Ihre politischen Anschauungen und Überzeugungen sind durch ein intensives Studium der kulturellen Geschichte ihres Landes und ihres Vaters geprägt. Hätte sie nur seinen Namen geerbt, hätte sie die politischen Klippen, die bald vor ihr auftauchen und die in den folgenden Kapiteln beschrieben werden, nicht umschiffen können. Hätte sie bis dato unreflektiert die Ideen ihres Vaters wiederholt, wäre sie im ersten Sturm untergegangen.

Ihre Zeilen beinhalten etwas sehr Persönliches, als ob sie die Entwicklung ihres Vaters und ihrer selbst nachzeichnen. Eine Entwicklung, die für Aung San endet, als er gerade einmal 32 Jahre alt war. Seine Tochter setzt sie fort. Sie bleibt nicht mit der Vergangenheit verhaftet, mit den Ideen und Idealen ihres Vaters, sondern entwickelt sie weiter. Trotz aller äußerlichen Ähnlichkeiten mit ihrem Vater und ihrer tiefen Verehrung für ihn ist sie doch sie selbst. Und sie ist 48, wesentlich älter als ihr Vater, als dieser die politische Arena betritt, und sie ist durch Erfahrungen gereift: „Meine Jahre im Ausland boten mir die Möglichkeit, Burmas Probleme von einer weiteren Perspektive der internationalen Szene aus zu analysieren und gleichzeitig durch meine häufigen Besuche in meiner Heimat den Kontakt mit Entwicklungen im Land nicht zu verlieren", äußert Suu einmal. „Es war nicht schwierig zu erkennen, daß die Nation unter der BSPP-Regierung unerbittlich verkam. Aber ich konnte keine Anzeichen einer vom Volk getragenen Oppositionsbewegung erkennen, der ich meine uneingeschränkte Unterstützung geben konnte. Bis ich im April (1988) nach Burma kam."

In der Tat erinnert sich ein enger Vertrauter und späterer Parteifreund, daß Suu schon 1987 durch einen Freund zu ihm Kontakt aufnahm: „Aung San Suu Kyi trägt sich mit dem Gedanken, in die Politik zu gehen", war die Nachricht, „sie möchte wissen, ob du bereit bist, sie zu einem Gespräch zu empfangen." Damals lehnte er ab. Suu sei so schüchtern und zurückhaltend gewesen, daß sie den Eindruck eines wohlerzogenen jungen Mädchens machte. Und der alte General hatte damals noch kein Interesse, wieder wegen seiner Opposition zur Staatsgewalt ins Gefängnis zu wandern. Aber es kann angenommen werden, daß damals, als Suu in Simla an der Monographie über Indiens und Burmas Wege in die Unabhängigkeit arbeitete, ihre Überzeugung reifte, daß die Zeit für einen zweiten Unabhängigkeitskampf näher rückt. Und daß sie darin als Tochter ihres Vaters eine entscheidende Rolle spielen werde.

Michael Aris war sich bewußt, daß seine Frau niemals vergessen werde, daß sie die Tochter von Burmas Nationalhelden Aung San war: „Es war also keine Überraschung, als Suu mir sagte, daß sie sich entschlossen habe, den Kampf mitzumachen. Das Versprechen, ihre Entscheidung zu unterstützen, das ich ihr vor so vielen Jahren gegeben hatte, mußte jetzt erfüllt werden." Obwohl er sich dieses Versprechens bewußt war, schreibt er doch, daß vor 1988 seine Frau niemals vorhatte, etwas so Monumentales anzustreben wie die politische Nachfolge ihres Vaters: „Als sie Oxford verließ, um ihre Mutter zu pflegen, hatte sie eigentlich vor, ihre Doktorarbeit über burmesische Literatur an der Universität London zu schreiben. (Ein erster Entwurf ist auf dieser Computerdiskette, die ich gerade benutze, und ich glaube, sie ist immer noch an der *School of Oriental and African Studies* als Doktorand eingeschrieben.) Sie hatte auch die Hoffnung, ein internationales Stipendium-Programm für burmesische Studenten einzurichten und ein Netzwerk von öffentlichen Büchereien in Burma aufzubauen." Aber es sollte anders kommen.

8. 8. 88

Ein Abend wie jeder andere

„Es war ein ruhiger Abend in Oxford, einer wie viele", erinnert sich Michael Aris, „der letzte Tag im März 1988. Unsere Söhne waren bereits zu Bett gegangen, als das Telephon klingelte. Suu nahm ab und erfuhr, daß ihre Mutter einen schweren Schlaganfall erlitten hatte. Sie hängte ein und begann sofort zu packen. Ich hatte eine Vorahnung, daß sich unsere Leben für immer verändern würden."

Suu kehrt nach Rangun zurück, um ihre Mutter zu pflegen. „Ich fand die Stimmung im Volk wie ausgewechselt", erinnert sie sich. „Die Zeit für eine populäre Anti-Regierungsbewegung rückte unaufhaltsam näher." Über drei Monate lebt sie mit ihrer Mutter im Krankenhaus, während draußen, auf den Straßen Ranguns, sich ein Gewitter zusammenbraut. Als die Ärzte alle Hoffnung aufgeben, daß sich Khin Kyis Zustand verbessern lasse, beschließt Suu, ihre Mutter nach Hause zu bringen. Das Arbeitszimmer im Erdgeschoß des Hauses an der University Avenue wird in ein kleines Hospiz verwandelt, und Khin Kyi findet in der vertrauten Umgebung Ruhe und Zufriedenheit. Ihre Stimmung verbessert sich noch einmal merklich, als ihre Enkelsöhne in den Sommerferien nach Rangun kommen.

Das Krankenzimmer im Haus an der University Avenue ist zu jener Zeit eine Insel des Friedens inmitten einer Stadt, eines ganzen Landes, in dem es zu brodeln beginnt. Im März war bei einer Teehausschlägerei ein Student der Ranguner Technischen Universität erstochen worden. Sein Mörder, Sohn eines Offiziellen der regierenden Partei, wurde von den Behörden gedeckt. Die Vertuschungsversuche waren für die Studenten Anlaß genug, ihrem aufgestauten Frust gegen das Regime Luft zu machen.

Seit jenen Märztagen ziehen Studenten durch die Straßen Ranguns und fordern radikale Veränderungen. Als Suu Anfang April eintrifft, wird sie Zeugin dieser Demonstrationen. Die jungen Leute tragen Bilder ihres Vaters wie Schutzschilder vor sich her. Sein Name hat immer noch fast mythische Kraft und symbolisiert all das, was Burma zu dem Zeitpunkt nicht ist, aber sein sollte: frei, demokratisch und wohlhabend. Auch Aung San war einst ein Student, der radikale politische Veränderungen forderte. Und er war der Gründer der burmesischen Armee, die jungen Demonstranten sind deshalb überzeugt, daß die Soldaten nicht auf sie schießen werden. Sie täuschen sich; die Staatsorgane schlagen zu. 41 bei einer Demonstration verwundete junge Leute ersticken in einem Polizei-Lastwagen. Jetzt sind es nicht mehr nur die Studenten, die wütend aufschreien. Die Zahl der Demonstrationen nimmt zu. Sie breiten sich im ganzen Land aus.

Und dann passiert etwas Erstaunliches: „Einen Tag, nachdem ich und die Jungen in Rangun angekommen waren", erzählt Michael Aris, „hielt der Mann, der Burma seit seinem Militärcoup im Jahr 1962 regierte, eine außerordentliche und unerwartete Rede, und das ganze Land war entflammt. Am 23. Juli erklärte Ne Win, der General, der Zivilist geworden war, bei einem Sonderparteitag seiner Burmesischen Sozialistischen Programm-Partei seinen sofortigen Rücktritt und daß ein Referendum über Burmas politische Zukunft abgehalten werden sollte. Ich kann mich noch daran erinnern, wie ich mit Suu zusammen die Szene des Parteitags im Fernsehen sah. Sie war, genau wie der Rest des Landes, elektrisiert. Die Menschen hatten endlich die Chance, die Kontrolle über ihre Zukunft zu übernehmen. Ich glaube", so Michael Aris, „das war der Moment, als Suu sich entschloß, anzutreten." Er schreibt diese Worte drei Jahre später mit dem Wissen, daß dieser Entschluß seiner Frau Hausarrest und Entbehrung einbringen und sie von ihrer Familie trennen wird.

Manche mögen gehofft haben, daß Aung San Oo, Suus älterer Bruder, nach Burma zurückkehren und die Nachfolge seines Vaters antreten werde. Aber trotz seiner Abstammung ist Aung San Oo nicht an Politik interessiert, lebt zurückgezogen in San Diego, Kalifornien, und hat im Gegensatz zu seiner Schwester die burmesische Staatsbürgerschaft aufgegeben. Er ist jetzt Amerikaner und kehrt nur noch einmal nach Rangun zurück, um seiner Mutter die letzte Ehre zu erweisen.

Und so ist es an Suu, den Faden wieder aufzunehmen, der am 19. Juli 1947 so brutal abgeschnitten worden war. Auch sie trägt jenen Namen mit der fast mythischen Bedeutung. Und sie ist ihrem Vater so ähnlich – das können alle sehen. Das fein gemeißelte Gesicht, der ernste Blick.

Außenstehende mögen überrascht gewesen sein, daß eine Frau in einer im Grunde patriarchalischen Gesellschaft wie der burmesischen eine so monumentale Aufgabe annimmt. In ihrer für Kinder geschriebenen Landeskunde geht Aung San Suu Kyi selbst darauf ein: „Obwohl theoretisch Männer als die nobleren Geschöpfe angesehen werden, weil sie allein Buddhas werden können, haben Burmesinnen niemals einen wirklich minderwertigen Status innegehabt. Sie hatten immer dasselbe Erbrecht und führten aktive unabhängige Leben. Sie waren sich ihres Wertes bewußt und hatten deshalb nichts dagegen, Männern die respektvolle Behandlung zukommen zu lassen, die sie so glücklich macht!" fügt sie leicht spöttisch hinzu. In ihren *Letters from Burma* schreibt Suu: „In Burma gibt es keine Vorurteile gegen Mädchen. Tatsache ist, daß man allgemein annimmt, daß Töchter gehorsamer und liebevoller sind als Söhne, und viele burmesische Eltern begrüßen die Geburt einer Tochter wie eine Versicherung, daß sich jemand im Alter um sie kümmern wird."

Und so ist es völlig natürlich, daß Aung San Suu Kyi nach Rangun eilt, als sie von dem Schlaganfall ihrer Mutter hört. Was nicht so sehr auf der Hand liegt, ist, daß sie auch die Nachfolge ihres Vaters antritt. Aber Aung San Suu Kyi wäre nicht die erste Frau in der burmesischen Geschichte, die eine Machtstellung innehat. Schon im 15. Jahrhundert herrschte eine Mon-Königin über das Gebiet des Irawadi-Deltas. Königin Shin Saw Bu war tief religiös, und während ihrer Zeit auf dem Thron (1453–1472) nahm die große Schwe-Dagon-Pagode ihre jetzige Form an. Davon berichtete Aung San Suu Kyi in ihrer eigenen Landeskunde Burmas. Ein halbes Jahrtausend später steht sie, als die nächste große Tochter Burmas, zu Füßen des goldenen Wahrzeichens des Landes und tritt so die Nachfolge der Königin an.

Obwohl die Verfassung allen Bürgern, Männern wie Frauen, das aktive und passive Wahlrecht garantierte, ist die Liste der weiblichen Abgeordneten im Parlament und Völkerrepräsentantenhaus zwischen 1948 und 1962 nur allzu kurz: Nur achtzehn Frauen erklimmen diese politischen Höhen. Drei von ihnen nehmen die Plätze ihrer 1947 ermordeten Ehemänner ein, so auch Daw Khin Kyi, die, wie wir wissen, später, von 1960 bis 1967, ihr Land als Botschafterin in Neu-Delhi vertritt. Auch nach dem Militärputsch ändert sich wenig in dem Bild: nur wenige Frauen gehen in die Politik. Die *Burma Socialist Programme Party* (BSPP) hat nur ein einziges weibliches Mitglied des hundert Mann starken Zentralkomitees. Und in den Wahlen von 1978 erhöht sich der Anteil der Frauen im Parlament von neun auf dreizehn von 449 Abgeordneten.

Das soll nicht bedeuten, daß sich die Töchter Burmas in Abwandlung der westlichen drei Ks auf die östlichen Äquivalente Tafel, Tee und Tempel konzentrierten. Zugang zu den Universitäten war allen offen und hing nur von den Noten in den Qualifikationsexamen ab: Die besten Studenten gingen in die Medizin, weil dieses Fach im späteren Leben das meiste Prestige und Geld brachte. Die beste Fakultät (Institute of Medicine 1) hatte meist dieselbe Anzahl weiblicher wie männlicher Studenten. In den Fächern Pädagogik und Volkswirtschaft sind die Studentinnen in der Überzahl, bei Ingenieurwissenschaften und Veterinärmedizin die Studenten. Und so ist das einzige weibliche Mitglied des Zentralrats der BSPP, Daw Yin Yin Mya, eine Volkswirtin. Aber kein Beruf ist für Burmesinnen tabu: Sie werden Ärztinnen, Professorinnen, Autorinnen, ja sogar Soldatinnen. Das einzige Feld, in dem sie durch ihre Abwesenheit glänzen, ist die Politik. Das heißt bis zu dem Zeitpunkt, im heißen Sommer 1988, als Aung San Suu Kyi ins politische Rampenlicht tritt.

Journalisten werden sie später nach den Frauenrechten in Burma fragen. Aung San Suu Kyi hat sieben Jahre nach ihrem Eintritt in die Politik nur diese Antwort: „Die Leute haben mich immer wieder nach den Rechten der Frauen in Burma gefragt, und ich habe jedesmal sehr deutlich gesagt: ‚Männer haben in Burma ebenfalls keine Rechte.' Ich weiß natürlich, daß Männer in Burma ebenso wie in vielen Teilen der Welt das privilegierte Geschlecht sind, doch gegenwärtig sind sie nicht weniger dem Unrecht und der Unterdrückung ausgesetzt. Deshalb geht es zunächst einmal darum, allen ihre Grundrechte zu geben. Wir müssen der Praxis ein Ende bereiten, daß Männer ins Gefängnis geworfen werden. Das heißt nicht, daß man nicht auch Frauen ins Gefängnis werfen würde. Aber es gibt wahrscheinlich hundert- oder vielleicht tausendmal mehr männliche als weibliche politische Gefangene. Deshalb fällt es mir im gegenwärtigen Augenblick sehr schwer, Frauen in Burma völlig getrennt von der Bewegung zu betrachten, in der auch Männer engagiert sind. Aber ich bin sicher, daß die Frage der Frauenrechte zur Sprache kommen wird, sobald wir die Demokratie erkämpft und alle Menschen ihre grundlegenden politischen Rechte erworben haben." Auf die Frage, ob sie sich als Feministin sehe, antwortet Aung San Suu Kyi sehr kurz: „Nein, das nicht."

So sehr auch ihr Vater den politischen Weg bereitet, so stark empfindet doch Aung San Suu Kyi ihre Mutter als ihr Vorbild: „Sie hat mir beigebracht, die Werte, für die mein Vater stand, hochzuschätzen und zu achten. Sie verlangte, daß man etwas gegen die eigene Furcht unternahm. Sie wurde sogar immer sehr wütend auf mich, wenn ich Angst zeigte. Für Feigheit hatte sie absolut nichts übrig. Und sie regte sich immer sehr darüber auf, daß ich Angst vor der Dunkelheit hatte. Solche Anzeichen von Verzärtelung fanden bei ihr keinerlei Verständnis.

Mut, Verantwortung, spirituelle Hingabe und Altruismus galten ihr sehr viel. Meine Mutter war eine überaus ehrenwerte Frau." Ihr Haus an der University Avenue verwandelt sich in ein Zentrum politischer Aktivitäten. Menschen aller Alters- und Gesellschaftsgruppen gehen ein und aus. Suu redet mit ihnen, spricht viel über Menschenrechte, ein Wort, das bis dahin nur selten in Burma gehört worden war. „Die Lady nimmt kein Blatt vor den Mund, und das gefällt den Leuten", meint U Tin U. „Sie besitzt Güte und Mitgefühl. Und obwohl sie äußerlich schwach wirkt, sind ihr Wille und ihre Entschlossenheit sehr stark." Der Alte schätzt an der Jüngeren ihre „Führungseigenschaften und das erstaunliche Niveau ihrer Kenntnisse und ihres Denkens. Sie verfügt über eine hohe Intelligenz. Und ihre Konzentrationsfähigkeit ist so stark entwickelt, wie es schon bei ihrem Vater war." In Burma, wo man den Respekt vor alten mächtig starken Männern zu verlieren beginnt, schauen alle auf eine junge schwach wirkende Frau.

Die magische Zahl Acht

„In Burma hat die Zahl Acht normalerweise keine besondere Bedeutung, obwohl die meisten als Buddhisten den Ehrenhaften Achtfachen Weg und die acht Siege des Buddha kennen", schreibt Aung San Suu Kyi ein Jahr nach ihrer Entlassung aus dem Hausarrest. „Aber vor acht Jahren, im Jahr 1988, nahm die Zahl Acht eine unerwartete und durchschlagende politische Bedeutung an. Am achten August jenes Jahres, am ‚8. 8. 88', wurde ein Generalstreik ausgerufen, und die Demonstrationen, die seit Tagen im ganzen Land stattgefunden hatten, nahmen massiv zu. Menschen aller Altersgruppen und Gesellschaftsschichten nahmen an diesen friedlichen Demonstrationen teil: Studenten, Bauern, Arbeiter, Beamte, sogar Mitglieder der Streitkräfte, buddhistische Mönche, Christen, Muslime, Intellektuelle, Berufstätige, Geschäftsleute, kleine Händler, Hausfrauen und Künstler. Sie waren vereint in ihrer Forderung nach Veränderung: Sie verlangten ein Ende der autoritären Herrschaft, die mit dem Militärcoup von 1962 begonnen hatte und die Burma in intellektuelle, politische, moralische und wirtschaftliche Armut gestürzt hatte."

Der Militärdiktator Ne Win war zwar im Juli zurückgetreten, aber er hatte nur einem anderen General, Sein Lwin, Platz gemacht, der als ‚Schlächter von Rangun' bekannt war und das blutige Vorgehen gegen die Studenten im März zu verantworten hatte. „Innerhalb weniger Tage wurde klar", erinnert sich Aung San Suu Kyi, „daß die neue Administration unter Präsident U Sein Lwin überhaupt nicht vorhatte, die Ein-Parteien-Herrschaft abzuschaffen. Die Frustration, die die Menschen in Burma für etwa zwei Jahrzehnte zurückgehalten hatten, brach aus ihnen heraus, und sie strömten in die Straßen in großen, spontanen Demonstrationen ihres Wunsches, endlich ein Regierungssystem zu haben, das ihren Willen respektiert. Die Bewegung für Demokratie hatte begonnen."

Am achten Tag des achten Monats '88 explodiert Burma: Studenten führen Tausende von friedlichen Demonstranten an. In Rangun versammeln sie sich vor der amerikanischen Botschaft. General Sein Lwin schickt seine Truppen auf die Straße. „Es war ein unglaublicher Moment in unserem Leben", berichtet später eine Studentin. „Unsere dringenden Wünsche waren Freiheit und Demokratie. Endlich war es soweit: Wir dachten, wir könnten unter dem Stiefel der Unterdrückung durch das Militär hervorkriechen, der, seit wir kleine Kinder waren, auf uns herumgetrampelt hatte." Der Streik, den die *All-Burma Students Democratic League* organisiert, beginnt friedlich; Soldaten sind überall sichtbar, aber halten sich zunächst zurück. „Wir haben ihnen Lieder vorgesungen: Wir lieben euch, ihr seid unsere Brüder, wir alle wollen Freiheit, ihr seid die Armee des Volkes, kommt auf unsere Seite, wir alle wollen Demokratie", erinnert sich die Studentin. „Und dann, um viertel vor zwölf, begannen sie zu schießen . . ."

Die Truppen vor Ranguns Rathaus eröffnen das Feuer. Das Massaker dauert vier Tage an. „Sie hatten den Befehl zu feuern und taten es auch. Viele Studenten, Freunde und auch einige

Mitglieder meiner Familie wurden auf der Stelle erschossen. Wir konnten einfach nicht glauben, daß unsere eigenen Leute uns ermorden würden. Überall war Blut. Laute Schreie und Maschinengewehrfeuer hallten durch die Straßen."

Am 10. August schießen Soldaten auf Ärzte, Schwestern und Rote-Kreuz-Helfer vor dem Zentralkrankenhaus. Diejenigen, die versuchen, das Blutbad zu stoppen, werden ebenfalls brutal zur Seite gedrängt. Verwundeten wird medizinische Versorgung verwehrt. Augenzeugen berichten, daß Soldaten in die Notaufnahme eindrangen und verwundete Studenten auf Bahren und Betten erschossen. In Nord-Okkalapa, einem Vorort von Rangun, werden leblose Körper auf Lastwagen aufgeladen und zum Kyandaw-Friedhof geschafft, wo Tote wie auch noch Lebende verbrannt werden. Die Soldaten, die blind die Befehle ihrer Vorgesetzten befolgen, haben gesagt bekommen, daß sie kommunistische Eindringlinge bekämpfen und daß sie etwaige Skrupel mit einem starken Whisky morgens und abends runterspülen sollten.

„Das Massaker an friedlichen Demonstranten war die Geburtsstunde einer Volksbewegung und verursachte meine Entscheidung, meine Unterstützung für die Ziele des Volkes öffentlich zu machen", erinnert sich Aung San Suu Kyi. „Mein Glaube, daß ich als meines Vaters Tochter eine Verantwortung für mein Land trage, veranlaßte mich unter anderem, diese Entscheidung zu treffen."

Aung San Suu Kyi ist eine der Unterzeichnerinnen eines Briefes an den Vorsitzenden des Staatsrates, Kyan Htin. Zu ihren Mitunterzeichnern gehören Staatsmänner der Zeit vor 1962, unter anderen der ehemalige Premierminister U Nu und der damalige Präsident Mahn Win Maung. Sie alle drücken ihr Entsetzen aus: „Noch nie seit der Unabhängigkeit ist die Situation im ganzen Land so ekelhaft gewesen", heißt es in dem Brief. Die Unterzeichnenden fordern die Bildung einer beratenden Volksversammlung, um die Krise zu entschärfen und die Probleme zu lösen. Nach vier Tagen gibt das Militär auf. Sein Lwin tritt zurück. Das Volk tanzt auf der Straße, inmitten brennender Häuser.

Ein gemäßigter Kandidat übernimmt das Präsidentenamt: Dr. Maung Maung ist das erste Staatsoberhaupt seit fast drei Jahrzehnten, das nicht den Reihen des Militärs entstammt. Aber der alternde Professor erscheint den meisten als eine Marionette des ehemaligen Diktators Ne Win. Die Menschen mißtrauen ihm. Die Aktivisten lassen nicht locker. Sie haben das erste Mal Erfolg gekostet: Der Rücktritt von Sein Lwin geht auf ihr Konto. Die Demonstrationen gehen nach kurzer Unterbrechung weiter. Streiks legen das Land lahm. Lokale Bürgerkomitees, die sich aus Mönchen, Studenten und anderen Bürgern zusammensetzen, übernehmen die Führung der täglichen Geschäfte. Dr. Maung Maung hat keine Kontrolle mehr über die Hauptstadt, und doch weigert sich die Regierung zurückzutreten. Am 24. August zieht sich das Militär aus Rangun zurück. Das ist auch der Tag, an dem Aung San Suu Kyi das erste Mal öffentlich auftritt. Bis dahin war der Aufstand für Demokratie in Burma eine völlig spontane Volksbewegung gewesen, ohne Programm und Führung. Doch als Suu an jenem heißen Tag auf das Podium vor dem Eingang des Zentralkrankenhauses steigt, ändert sich dieses Bild. Sie spricht zu den Menschen von ihrem Vater; von Gandhi und seinen Prinzipien des gewaltlosen Widerstandes. In diesem Land, wo so viele schon in politischen Auseinandersetzungen ihr Leben gelassen haben, bringen ihre Worte neue Hoffnung. Sie wird zum Brennpunkt, sie bündelt den Volkswillen und strahlt ihn um so mächtiger nach außen weiter. An jenem Tag sind es nur einige wenige, die ihre Worte über Disziplin und Einheit hören. Zwei Tage später sind es eine halbe Million.

Am Fuß der Schwe-Dagon-Pagode

Schon in der Nacht waren sie zu dem Platz unter der riesigen goldenen Stupa geströmt, die man von weitem sehen kann. Sie hatten ihre Schlafsäcke mitgebracht. Ganze Familien waren gemeinsam gekommen. Und am Morgen haben sich über 500 000 Menschen aller Altersgruppen bei der Schwe-Dagon versammelt. Die Menge ist so bunt gemischt wie das Land, in dem so viele Nationalitäten leben. Es ist unzweifelhaft die größte Versammlung in diesem Jahr der Massendemonstrationen.

Es herrscht Volksfeststimmung, trotz der Bombendrohungen, die eingegangen sind. Studenten und Mönche formen menschliche Ketten um die Bühne. Jeder Zentimeter wird abgesucht, dubiose Typen beseitigt. Die Umgebung der Pagode ist von Menschen überfüllt. Auch auf den Zugangsstraßen kann man sich nicht mehr bewegen. Ein riesiges Porträt Aung Sans ist über der Bühne aufgehängt worden, zusammen mit ebenso großen Lautsprechern. Aung San Suu Kyis Auto bleibt in der Menge stecken. Sie steigt aus und geht das letzte Stück zur Pagode zu Fuß. Gefolgt von ihren Söhnen und ihrem Mann und anderen Vertrauten, durchschreitet sie ein Meer von Menschen, die applaudieren und ihr zujubeln.

„Diese öffentliche Versammlung hat das Ziel, die ganze Welt über den Willen des Volkes zu informieren", ruft Aung San Suu Kyi den Versammelten zu. „Unsere Absicht ist es zu zeigen, daß die Einführung einer Mehr-Parteien-Demokratie der größte Wunsch des ganzen Volkes ist." Ihre Rede ist eine Verbeugung vor dem Mut und der Entschlossenheit der Studenten, die bis dahin der Motor der Bewegung für Demokratie waren. Sie ist gleichzeitig ein Appell für Einheit und Disziplin. Immer wieder kommt sie darauf zurück. Als ob sie eine Vorahnung hätte, daß die Armeeführung nur darauf wartet, daß die Demokratiebewegung über die Ufer läuft.

Suu ergreift auch die Initiative und erklärt ihre Rolle in der Bewegung: „Es ist nur natürlich und richtig, daß die, die mich nicht kennen, einige Fakten wissen wollen." Sie entkräftet so die Tuschelpropaganda gegen sie: „Es ist richtig, daß ich im Ausland gelebt habe. Es ist ebenfalls wahr, daß ich mit einem Ausländer verheiratet bin. Diese Tatsachen haben nie und werden auch in Zukunft nie meiner Liebe und meiner Ergebenheit zu meiner Heimat in irgendeiner Weise oder irgendeinem Maße in die Quere kommen oder sie schmälern."

Sie trat auch einem anderen Disqualifizierungsversuch entschieden entgegen: „Manche sagen, ich verstände nichts von burmesischer Politik. Das Problem ist, daß ich zuviel davon verstehe. Meine Familie weiß am besten, wie kompliziert und schwierig burmesische Politik sein kann und wie sehr mein Vater darunter leiden mußte. Er hat soviel psychische und physische Kräfte auf die Politik verwandt, ohne persönlich davon zu profitieren. Deshalb hatte mein Vater gesagt, daß er, wenn erst einmal Burmas Unabhängigkeit gewonnen sei, nicht an der Machtpolitik teilnehmen wolle, die darauf folgen werde. Da mein Vater diesen Wunsch nicht hegte, habe auch ich immer versucht, mich von dieser Art von Politik fernzuhalten. Manche mögen dann fragen, warum ich mich jetzt für diese Bewegung engagiere, wenn ich mich aus der Politik heraushalten wollte. Die Antwort darauf ist, daß die jetzige Krise die gesamte Nation angeht. Als Tochter meines Vaters kann mir nicht gleichgültig sein, was hier vorgeht. Diese nationale Krise könnte man in der Tat den zweiten Kampf um die nationale Unabhängigkeit nennen."

Suu zitiert ihren Vater und seine Ideen für eine demokratische Zukunft: „Wir müssen Demokratie zum Volkscredo machen", hatte Aung San einmal gesagt. Und seine Tochter wiederholt nun seine Worte: „Wir müssen versuchen, ein freies Burma im Einklang mit diesem Credo aufzubauen. Wenn wir versagen, werden die Menschen darunter leiden. Wenn Demokratie fehlschlägt, wird die Welt nicht beiseite stehen und zuschauen, und Burma wird einst, so wie Japan und Deutschland, verachtet werden. Demokratie ist die einzige Ideologie, die mit Freiheit vereinbar ist. Es ist auch die Ideologie, die Frieden fördert und festigt. Es ist deshalb die einzige Ideologie, die wir anstreben sollten."

Niemand kannte die Worte Aung Sans besser. Niemand hatte sie eingehender studiert als seine Tochter Suu in ihrer Suche nach Aung San, dem Freiheitshelden Burmas, den jeder kannte und den sie nur so kurz erlebt hatte. „Dies sind die Worte meines Vaters. Und sie sind der Grund, warum ich an diesem Kampf für Frieden und Freiheit teilnehme und somit in die Fußstapfen und Traditionen meines Vaters trete."

Ein Moment großer Emotion. Aung San Suu Kyi steht an der gleichen Stelle zu Füßen der goldenen Schwe-Dagon-Pagode, wo auch ihr Vater seine größte Rede gehalten hatte. Und die Menschen jubeln ihr zu, genauso wie sie ihrem Vater zugejubelt hatten. Die Geschichte wiederholt sich. Burma hat eine neue Führungspersönlichkeit, einen neuen Nationalhelden. Aung San Suu Kyi ist 43 Jahre alt, und sie läßt an jenem Tag ihr früheres Leben hinter sich und beginnt den dornigen Weg in die burmesische Politik. Sie ist älter als ihr Vater, als dieser zu Füßen der Schwe-Dagon sprach. Vielleicht hat sie deshalb andere Bezugspunkte, beruft sich auf die Helden des gewaltlosen Widerstandes, während ihr Vater, *Bogyoke* Aung San, der General, kämpferischer sprach. Suu ist sich sehr wohl dieser anderen Seite, dieser anderen Tradition bewußt: „Die jetzigen Streitkräfte Burmas wurden von meinem Vater geschaffen und geschätzt", gibt sie unumwunden zu. Die Unterdrücker des Volkes von heute berufen sich auf ihren Vater. „Mein Vater hat die Streitkräfte aufgebaut. Das ist ein Faktum." Aber, so fügt Suu hinzu, er hatte andere Aufgaben für die Streitkräfte im Sinn, als sie sich in der Zwischenzeit angeeignet haben. Aung San Suu Kyi fügt einen persönlichen Appell hinzu: „Ich fühle eine enge Verbundenheit zu den Streitkräften. Nicht nur weil mein Vater sie aufbaute, sondern weil ich als Kind von Soldaten versorgt wurde. Ich bin mir auch der großen Liebe und Zuneigung der Menschen für meinen Vater bewußt. Ich bin dankbar für diese Liebe und Zuneigung. Und daher wünschte ich, daß es keine Zwietracht zwischen der Armee gäbe, die mein Vater aufbaute, und dem Volk, das ihn so liebte. Laßt mich von dieser Bühne aus die Mitglieder der Streitkräfte auffordern, dieses Verständnis und diese Sympathie zu erwidern. Laßt mich an die Streitkräfte appellieren, daß sie eine Kraft werden mögen, auf die sich die Leute verlassen und der sie vertrauen können. Möge die Armee die Ehre und Würde unseres Landes hochhalten." Sie will nicht eine Partei gegen die andere aufwiegeln. Sie will die Armee mit dem Volk versöhnen.

Aung San Suu Kyi beendet ihre Rede, indem sie kurz die

Ziele der Demokratiebewegung aufzählt: Abschaffung des Ein-Parteien-Systems, Einführung eines Mehr-Parteien-Systems der Regierung und die Abhaltung von freien und fairen Wahlen so bald als möglich. „Wir waren alle ein wenig überrascht", sagte Aung Lwin, ein bekannter Schauspieler, der an der Demonstration zu Füßen der altehrwürdigen Schwe-Dagon teilgenommen hatte und sich später der Nationalen Liga für Demokratie anschließt. „Sie sah nicht nur aus wie ihr Vater, sie sprach auch wie er: kurz, präzise und auf den Punkt kommend."

Viele ältere Menschen empfinden ähnlich. Hier ist jemand, der die Brücke zwischen den jugendlichen Aktivisten und den älteren Nationalisten schlagen kann, die sich noch an die Zeit vor 1962 und ein demokratisches Burma erinnern können. So zum Beispiel U Tin U, der Aung San Suu Kyi nach ihrem Auftritt anspricht: „Ich habe Ihre erste öffentliche Rede gehört. Wir können es nicht schaffen, wenn jeder für sich allein bleibt. Wir brauchen Einigkeit im Kampf für Menschenrechte und Demokratie." Sie nickte zustimmend. „Schön", sagt sie, „packen wir es an, und arbeiten wir zusammen." Sonst nichts. Doch als sich der alte Soldat verabschieden will, fragt sie ihn: „Sind Sie jemals meinem Vater begegnet? Haben Sie ihn gekannt?" – „Ja, natürlich, ich habe ihn sogar gut gekannt", antwortet U Tin U. „Am meisten ist mir damals aufgefallen", erinnert sich der ehemalige General, „wie sehr sie in ihrer Redeweise, ihrem Wesen, ihren Gesichtszügen und Gesten ihrem Vater glich. Sie war ihm in fast jeder Hinsicht ähnlich, für mich war sie sein weibliches Ebenbild. In meiner Begeisterung dachte ich, ja, sie sei die Frau, die sein Werk weiterführen könnte."

Die Armee schlägt zurück

Aung San Suu Kyis Appelle an die Armee bleiben ungehört. Die Truppen waren am 24. August aus Rangun abgezogen worden, aber die Führung greift zu anderen, weniger auffallenden

Mitteln. Schon bald berichten einheimische und ausländische Quellen von *Agents provocateurs* der Geheimpolizei, dem gefürchteten Direktorat des Militärischen Nachrichtendienstes (DDSI), die zu nächtlichen Brandstiftungen, Plünderungen und sogar zu einem Angriff auf das UNO-Gebäude angestiftet und aktiv daran teilgenommen hätten. Die Militärführung hat ein Interesse daran, das Bild des Chaos und der Anarchie nach außen dringen zu lassen.

Als die britische Tageszeitung *The Times* am 29. August Aung San Suu Kyi interviewt, muß sie zugeben, daß die Atmosphäre im Land „sehr angespannt ist. Die Regierungsmaschinerie ist vielerorts zu einem fast kompletten Stopp gekommen. Aber", versucht sie den Interviewer zu überzeugen, „die Leute sind der Situation gewachsen. Die Demonstrationen werden systematisch durchgeführt. Bürgerwehren kümmern sich um die Sicherheit am Orte. Die Menschen stehen an der Spitze einer Bewegung für Disziplin und Ordnung."

Was als Volksfest begonnen hatte, läuft Gefahr, zur Herrschaft des Pöbels zu degenerieren. Öffentliche Hinrichtungen, meist Enthauptungen, von mutmaßlichen *Agents provocateurs* gehören zur Tagesordnung in Rangun. Die „Bürgerwehren", von denen Aung San Suu Kyi in dem *Times*-Interview sprach, laufen aus dem Ruder. Sie muß immer wieder ihre Leute losschicken, um diese Lynchjustiz zu stoppen. Suu will kein Blut vergießen, auch nicht das der Armee oder der Geheimpolizei.

„Es gibt Momente der Tragödie, des Grauens, des Zorns und des einfachen Unverständnisses", schreibt Aung San Suu Kyi in einem Artikel für die britische Tageszeitung *The Independent*. „Aber dies alles wird übertroffen von der Überzeugung, daß eine Bewegung, die so spontan aus dem unwiderstehlichen Wunsch der Menschen nach dem vollen Genuß der Menschenrechte entstanden ist, sich sicher durchsetzen wird. Über 26 Jahre sind die Talente der Menschen in Burma von einem Regime unterdrückt worden, das keinerlei Gedankenfreiheit oder Eigeninitiative zugelassen hat. Aber die vergangenen paar Wochen haben bewiesen, daß die Menschen auf eine Situation reagieren können, die schnelles Denken und entschlossenes Handeln erfordert. Seit die Räder der Regierung aufgehört haben, sich zu drehen, und die Polizei nicht mehr länger die Sicherheit garantieren kann, haben sich im ganzen Land Bürgerwehren gebildet, die aus buddhistischen Mönchen und Studenten bestehen. Myriaden von Gewerkschaften und Gruppen haben alle das alleinige Ziel: Demokratie. Versammlungsfreiheit, wenn auch illegal, ist erst seit einem Monat überhaupt möglich geworden. Der Zusammenbruch des Regierungsapparats hat zu Schwierigkeiten im Transport- und Kommunikationswesen, zu übersteigerten Preisen und Versorgungsengpässen bei den Grundnahrungsmitteln geführt. In diesen Fällen und was die medizinische Versorgung angeht, haben die Menschen selbst die Initiative ergriffen und Hilfe organisiert. Der jüngste Ausdruck der wachsenden Disziplin und Solidarität zwischen den Menschen war die Art, in der die Massendemonstration heute (8. September), an der vielleicht eine Million oder mehr Menschen teilnahmen, erfolgreich und ohne Vorkommnisse abgehalten wurde."

„Plünderungen, Brandstiftungen und anderem Vandalismus ist viel Aufmerksamkeit zuteil geworden", setzt Suu ihren Artikel fort. „Es ist offensichtlich, daß die schlimmsten Vorkommnisse von Teilen der Regierung angezettelt worden sind und immer noch werden. Es ist sonderbar und grauenhaft zugleich, daß die Leute versuchen, Ordnung und Einheit zu bewahren, wenn Teile der Regierung ihr Bestes tun, um der Anarchie Vorschub zu leisten. Es geht auf das Konto der vom Volk getragenen Demokratiebewegung, daß die Dinge nicht noch schlimmer stehen, als sie es schon tun. Einige Mitglieder der derzeitigen Regierung sind offensichtlich entschlossen, aus Gründen, die kein verantwortungsbewußter Mensch verstehen kann, dem offenkundigen Willen des Volkes zu widerstehen. Ihre Taten scheinen allein darauf abzuzielen, Chaos und ein Maximum an Leid für die Menschen zu schaffen, die sie so einstimmig zurückgewiesen haben, wie es selten in der Geschichte der Nation vorgekommen ist. Offensichtlich sind nicht alle Mitglieder der Regierung an diesen rohen und oft barbarischen Komplotten gegen die Demokratiebewegung des Volkes beteiligt. Diese Komplotte werden fast alle erfolglos abgebrochen, und man kann annehmen, daß nur einige verzweifelte und begriffsstutzige Hardliner einen letzten Versuch unternehmen, ihre Positionen um jeden Preis zu retten." Aung San Suu Kyi ist überzeugt, daß es nicht so weitergehen kann, und bittet das Ausland, Burma nicht aus den Augen zu verlieren. Sie hat durch ihre lange Zeit im Ausland gelernt, wie wichtig es ist, die Weltpresse auf der eigenen Seite zu wissen.

Aber dies waren nicht die letzten verzweifelten Taten einiger Hardliner. Die Armee beginnt, Reis und andere Grundnahrungsmittel zu horten und aus der Hauptstadt zu bringen, als sammelten sie sich, um auf den richtigen Moment zu warten und dann zurückzuschlagen. Uniformierte Männer heben 600 Millionen Kyats von der Union Bank of Burma in Rangun ab, berichten aufgeregt Mitglieder der neu gebildeten Bankgewerkschaft. Und dann will es ein erstaunlicher Zufall, daß gleichzeitig in neun verschiedenen Gefängnissen im ganzen Land Unruhen ausbrechen und 9000 Kriminelle und andere Gefangene entfliehen. Man wird das Gefühl nicht los, daß von offizieller Seite Öl in das Feuer gegossen wird.

Am frühen Morgen des 6. September werden Plünderer beobachtet, wie sie Baumaterial, Papier und Möbel aus dem Anwesen eines von der Bundesrepublik Deutschland unterstützten Umweltprojekts herausschleppen. Zwei Armeelastwagen stehen derweil in der Nähe auf einem offiziellen Parkplatz. Aber die Soldaten schreiten nicht ein, um die Plünderer zu stoppen. Ganz im Gegenteil, sie laden die Wagen mit Gütern aus dem geplünderten Lagerhaus voll. Zwei Stunden später ziehen sie vollbeladen ab und überlassen den Rest den gewöhnlichen Plünderern.

„Für eine Weile hofften die Menschen, daß ihre Forderungen nach Demokratie erfüllt würden", schreibt Aung San Suu Kyi acht Jahre später. „Doch dann, am 18. September, eröffneten Truppen wieder das Feuer auf unbewaffnete Demonstranten, und das Militär übernahm die Verwaltung im Land. Die neue Junta gab sich den Titel, der vielen wie von Orwell entlehnt erscheint: der Staatsrecht-und-Ordnung-Wiederherstellungsrat, *State Law and Order Restoration Council,* kurz SLORC."

Tatsache ist, daß das Militär die Herrschaft nie wirklich aufgegeben hatte. Daß der alte Militärmachthaber Ne Win in seiner Villa am Inya-See saß – am anderen Ufer des Sees, direkt gegenüber des weißen Hauses an der University Avenue – und weiter die Fäden zog. Daß sein Nachfolger Sein Lwin mit seinem harten Durchgreifen im März und August gescheitert war. Und daß sich das Militär aus Rangun zurückgezogen hatte, um Kräfte zu sammeln. Es hatte zugesehen, wie die Regierung des ältlichen Dr. Maung Maung die Kontrolle verlor. Es blieb tatenlos bis zum 18. September, als es angeblich beschloß einzuschreiten, um „Recht und Ordnung wiederherzustellen". Die Gründung von SLORC wurde bekanntgegeben, aber die neuen, selbsternannten Herrscher treten zunächst nicht aus dem Schatten hervor. Sie überlassen die „Aufräumarbeiten" anderen. Am Abend rollen Armeelastwagen voller Soldaten und Panzerfahrzeuge mit Maschinengewehren durch die Straßen von Rangun. Und dieses Mal sind sie straff organisiert. Die militärische Operation wird mit Eiseskälte durchgeführt. Jede noch so kleine Menschenmenge wird von den in perfekter Formation vorrückenden Fahrzeugen aus dem Weg gedrückt. Nach zwei Tagen ununterbrochener Massenmorde hat das Militär die Demonstranten aus den Straßen weggeschossen. „Recht und Ordnung" sind wiederhergestellt.

Ein verzweifelter Hilferuf geht von Rangun aus. Aung San Suu Kyi besinnt sich auf ihre diplomatischen Erfahrungen, die sie bei den Vereinten Nationen sammelte, und appelliert an internationale Organisationen: „Ich schreibe Ihnen heute, um vorzuschlagen, wie Ihre Organisation den Menschenrechten in Burma auf ganz praktische Weise beistehen kann." Aung San Suu Kyi wendet sich an *amnesty international* und durch diese Gefangenenhilfsorganisation an die ganze Welt. Ihr Vertrauen, daß die Volksbewegung für Demokratie obsiegen wird, scheint durch die Ereignisse des 18. September gebrochen. Die

Armee, die ihr Vater für den Kampf gegen den äußeren Feind gegründet hatte, ist zum inneren Feind des Volkes geworden. Die Befreier von damals sind die Kerkermeister von heute. „Vom nächsten Dienstag an werden die Außenminister der Welt mit ihren Ansprachen vor der Vollversammlung beginnen", schreibt Suu, die den Rhythmus der Weltorganisation aus ihrer Zeit in New York nur allzugut kennt. „Ich und meine Partner, die wir für die Wiederherstellung von Frieden und Demokratie in Burma kämpfen, glauben, daß es lebenswichtig ist, daß so viele Minister wie möglich in ihren Reden ihre tiefste Besorgnis über die fortgesetzten Verstöße gegen die grundlegendsten Menschenrechte in Burma zum Ausdruck bringen und besonders uneingeschränkt verurteilen, wie unbewaffnete Demonstranten, einschließlich der Kinder und buddhistischer Mönche, von den Streitkräften in großer Zahl niedergemetzelt worden sind." Ebenso wendet sie sich an die Botschafter in Rangun mit der Bitte, auf ihre Außenminister einzuwirken: „Ich bin sicher, daß man mir zustimmen wird, daß die willkürliche Ermordung von unbewaffneten Demonstranten während der vergangenen Wochen, einschließlich Schulkindern, Studenten und buddhistischen Mönchen, ein legitimes Thema internationaler Verdammung ist." Der Ton ihrer Appelle spiegelt nicht die Verzweiflung wider, die sie damals empfindet. Für sie bricht eine Welt zusammen. Die Armee, mit der sie das Volk in ihrer Rede an der Schwe-Dagon-Pagode versöhnen wollte, hat dieses Volk massakriert.

Die Nationale Liga für Demokratie

Die Briefe fallen der Militärführung in die Hände, die sie mit dem Titel „Die Verschwörung der verräterischen Trabanten innerhalb Myanmar Naing-ngan und ihrer verschwörerischen Kohorten im Ausland" in ihrem Propagandablatt veröffentlichen. Aung San Suu Kyi setzt ungerührt von diesen Angriffen ihre Arbeit fort. Dies ist nur ein Vorgeschmack auf die Verleumdungen, die SLORC in der Zukunft gegen sie einsetzen wird. Und hier ist bereits ein immer wiederkehrendes Thema dieser Beschimpfungen auszumachen: Sie wird beschuldigt, mit dem Ausland unter einer Decke zu stecken. Naheliegend, wie die offizielle Seite immer wieder betont, ist sie doch mit einem Ausländer verheiratet und hat lange im Ausland gelebt.

„Der SLORC verkündete, er sei nicht daran interessiert, lange an der Macht festzuhalten, und daß er in Kürze eine Mehr-Parteien-Demokratie in Burma einführen werde", erinnert sich Aung San Suu Kyi. „Politische Parteien waren angehalten, sich bei der Wahlkommission registrieren zu lassen, die für die Abhaltung von freien und fairen Wahlen verantwortlich war. Mehr als 200 Parteien ließen sich registrieren, unter anderen die Nationale Liga für die Demokratie (NLD)."

„Von Anfang an war der Pfad, den die NLD beschreiten mußte, alles andere als eben. Die enthusiastische Unterstützung der Bevölkerung, die dazu geführt hatte, daß NLD-Büros selbst in den entlegensten Dörfern eröffnet wurden, brachte der Partei die unfreundliche Aufmerksamkeit der Behörden ein. Der SLORC hatte zwar bekanntgegeben, daß die Streitkräfte strikte Neutralität bewahren würden, aber es wurde bald offensichtlich, daß die *Nationale Einheitspartei,* in die sich die BSPP umbenannt hatte, die bevorzugte politische Organisation war. Schikanierung und Einschüchterungsversuche waren tägliche Probleme für die Mitglieder der NLD. Aber wir lernten, damit umzugehen", erzählt Aung San Suu Kyi, „trotz der Kinderkrankheiten wurde unsere Partei Tag für Tag stärker."

Der Pfad des Pfaues

Der SLORC führt wieder das Kriegsrecht ein: Versammlungen von mehr als vier Personen werden mit Gefängnis bestraft; Demonstrationen sind verboten; ebenso Kritik am SLORC; eine nächtliche Ausgangssperre wird verhängt; Fernsehen, Radio und Zeitungen werden zensiert und kontrolliert; Militärgerichte ersetzen die zivile Rechtsprechung.

Und trotz allem beginnt Aung San Suu Kyi, ihre Botschaft des gewaltlosen Widerstandes und der Demokratie ins Land zu tragen. Ihre erste Reise führt sie nach Norden: In 13 Tagen besucht sie über 50 Städte und Dörfer in Pegu, Magwe, Sagaing, der Umgebung von Mandalay und im Shan-Staat. Überall wirbt sie für Einheit und Disziplin. Überall strömen die Leute zusammen, um sie zu hören. Sie verstoßen gegen das Edikt des SLORC und riskieren Schikanen, sogar Gefängnis. Aber erstaunlicherweise mischt sich das Militär nicht ein. Mancherorts gehören die Soldaten sogar zu denen, die ihr andächtig zuhören und ihr Gefolge mit Blumen schmücken. Der Name ihres Vaters, der auch der ihre ist, wirkt immer noch Wunder.

Und so wiederholen sich die Bilder ein zweites Mal: Ebenso wie ihr Vater seine Grundsatzrede an der Schwe-Dagon-Pagode gehalten hatte, war er auch nach der Unterzeichnung des Panglong-Vertrages unermüdlich durchs Land gereist, um die Menschen zu treffen, mit ihnen zu reden, ihnen zuzuhören und für seine Partei bei den anstehenden Wahlen zu werben, die er dann mit überwältigender Mehrheit gewann.

Immer mehr Menschen sammeln sich unter dem Banner des kämpfenden Pfaus, des traditionellen Symbols der burmesischen Nationalisten, das die NLD zu ihrem gemacht hat. „Um Probleme zu lösen, müssen wir uns von Angesicht zu Angesicht gegenüber sitzen", fordert Aung San Suu Kyi den SLORC in ihren Ansprachen direkt heraus. „Warum haben Sie nicht den Mut dazu? Warum halten Sie immer noch ein Gewehr in Ihren Händen?" Trotz des Verbots der Kritik am SLORC geht Suu noch einen Schritt weiter: „Wenn Sie nicht willens sind, sich an einem Dialog zu beteiligen, sind Sie nicht fähig zu regieren, nicht fähig, eine Nation zu verwalten ... die Methode, Probleme mit tödlichen Waffen, die auf unbewaffnete Bürger gerichtet sind, zu lösen, ist faschistisch."

Im Dezember besucht sie die Moulmein-Gegend in Südost-Burma. Dieses Mal hält sich das Militär nicht zurück. Überall wo sie hinkommt, erschallen aus riesigen Lautsprechern, die auf Armeelastwagen montiert sind, Appelle an die Bevölkerung, nicht an den Versammlungen teilzunehmen. Die Leute ignorieren die Anweisungen, und Suu wird auch in Moulmein ein überwältigender Empfang bereitet. Nach ihrer Abreise werden dreizehn NLD-Mitglieder verhaftet. Am 19. Dezember ermahnt SLORC alle politischen Parteien, „sich an die Regeln, Anweisungen, Gesetze und Verordnungen zu halten". Der SLORC reagiert damit auf die wachsende Popularität einer einzigen Person: Aung San Suu Kyi. Und die Aktionen des SLORC, dieses gesichtslosen Rats der Generäle, beginnen mehr und mehr die Handschrift eines Mannes zu tragen: Er trägt den Orwellschen Namen Sekretär Nr. 1 Lt. General Khin Nyunt und ist der Leiter des Militärischen Geheimdienstes. Ein hochintelligenter, schweigsamer Soldat, der einen Teil seiner Ausbildung in Israel erhalten hat. Ein Mann, den man sich nicht zum Feind machen sollte.

Im Hafen der Liebe und Fürsorge

„Trotz all der heftigen Aktivität in ihrem Haus verlor es doch nie wirklich den Eindruck eines Hafens der Liebe und Fürsorge", erinnert sich Michael Aris. „Suu ist eine erstaunliche Person, egal welche Maßstäbe angelegt werden, und ich glaube, ich kann sagen, daß ich sie nach zwanzig Ehejahren kenne, aber ich werde nie wirklich verstehen, wie sie es schaffte, ihre Anstrengungen gleichmäßig zwischen der Pflege ihrer behinderten, sterbenden Mutter und all den Aktivitäten zu verteilen, die ihr die Führung des Kampfes für Menschenrechte und Demokratie in ihrem Land einbrachten. Es hat etwas mit ihrem unbeugsamen Pflichtbewußtsein und ihrem unbeirrbaren Verständnis für Recht und Unrecht zu tun – Qualitäten, die auf mancher Schulter schwer wiegen, die sie aber mit Anmut trägt."

Aung San Suu Kyi versucht, die politischen Tumulte, die sich im Land abspielen, von der sterbenden Mutter fernzuhalten. Sie soll in Ruhe sterben können, sich nicht aufregen müssen. Sie hatte schon ihren Mann an die Politik verloren. Wenn sie gewußt hätte, wie sehr ihre Tochter in die Politik hineingesogen wurde, hätte ihr das vielleicht das Herz gebrochen. Zu sehr ist mit der Identifikation zwischen Vater und Tochter auch verbunden, daß sich die Geschichte wiederholen könnte. Und so versucht Aung San Suu Kyi diesen Hafen des Friedens um ihre Mutter aufrechtzuerhalten, was auch immer geschieht. Sie ist für Daw Khin Kyi die pflichtbewußte, fürsorgliche und liebevolle Tochter, so wie es die Tradition gebietet, mit der sie aufgewachsen ist. Alten Menschen gebührt Respekt, das hat sie gelernt. Und Daw Khin Kyi genießt die letzten Tage mit ihrer Familie.

Aber außen vor dem Tor der Villa an der University Avenue ist in den neun Monaten zwischen Khin Kyis erstem Schlaganfall und ihrem Tod am 27. Dezember 1988 so viel passiert. Die Volksfeststimmung der Massendemonstrationen hatte mehrfach in grausamem Blutvergießen geendet, wenn sich die Machthaber mit aller Gewalt der Welle der Revolution entgegenstemmten, die sich durchs ganze Land ausbreitete. „Ich werde die Wogen der Hoffnung und der Furcht so schnell nicht vergessen, die Begeisterung, auf die die Verzweiflung folgte, das fortgesetzte Maschinengewehrfeuer auf den Straßen und das Gurren von Tauben im Garten."

Drei Staatsoberhäupter wurden in diesen Monaten vom Volk zum Rücktritt gezwungen. Und doch blieb die Macht in den Händen der Generäle, die treu zu Ne Win standen. Der Armeeputsch des 18. September hatte den SLORC hervorgebracht, dessen Versprechen, freie und faire Wahlen abzuhalten, unmittelbar zur Gründung der *Nationalen Liga für Demokratie* führte.

Khin Kyis Tod und ihre Beisetzung am 2. Januar 1989 markieren einen Wendepunkt: Tausende von Menschen marschieren durch die Straßen Ranguns. Die Ruhe und Disziplin der Demonstranten spiegelt sich in der Zurückhaltung des Militärs wider. Aung San Suu Kyis Anhänger zeigen, wie stark und diszipliniert ihre Bewegung geworden war und daß sie die bis dahin ungebärdigen Massen bändigen konnten. Suus Bruder erhält die Einreiseerlaubnis und kann an der Beerdigung seiner Mutter teilnehmen. Michael Aris, der wenige Wochen zuvor des Landes verwiesen worden war, reist ebenfalls mit den zwei Söhnen nach Rangun: „Die Verhandlungen und die Vorbereitungen für die Beerdigung der Witwe des Nationalhelden wurden in beispielhafter Weise durchgeführt. Es war der einzige Anlaß, zu dem die Machthaber Suu jegliche Unterstützung zuteil werden ließen, weil sie einsahen, daß Unterlassungen von ihrer Seite katastrophale Folgen gehabt hätten. Soldaten, Studenten und Politiker machten mit Suu zusammen geordnete Pläne, die allen vor Augen führten, was das Land erreichen könnte, wenn die Einheit unter ihrer Führung erreicht werden könnte. Aber die Zusammenarbeit mit der Militärführung war leider von kurzer Dauer. Suus wachsendes Prestige und ihre Popularität schienen all das in Frage zu stellen, was die Armee repräsentierte. Die wiederholten Appelle für Dialog und Verständigung, die sie vor und nach diesem traurigen Anlaß an die Militärführung richtete, blieben alle ungehört."

Freiheit von Furcht

Von diesem Zeitpunkt an eskaliert die Konfrontation zwischen SLORC und NLD. Aber die Schikanen des Militärs haben genau den entgegengesetzten Effekt auf die Menschen, der geplant war: Je mehr Aung San Suu Kyi angegriffen und behindert wird, desto mehr Leute strömen ihr zu. Im Januar und Februar unternimmt sie zwei Reisen in das Irawadi-Delta südwestlich von Rangun und nach Tavoy und Mergui in Tenasserim. In vielen Orten des Deltas wird den Leuten verboten, ihre Häuser zu verlassen. Stacheldraht zäunt die Wege zu den Plätzen ein, an denen sie sprechen soll. Und nach ihrer Abreise werden 34 NLD-Mitarbeiter verhaftet.

Anti-SLORC-Demonstrationen füllen wieder die Straßen im ganzen Land, besonders als sich der Tod von Maung Phone Maw im März 1989 jährt, des ersten Studenten, der der Armee zum Opfer fiel. Truppen patrouillieren wieder in Rangun, und immer mehr Studenten und andere Aktivisten werden verhaftet, unter anderen Min Ko Naing, ein Anführer der Massendemonstrationen des vergangenen Sommers. Die Situation spitzt sich zu, als bei einem Festessen am Streitkräfte-Tag (27. März) Ne Win auftaucht und von den neuen Machthabern hofiert wird: Nun kann keiner mehr behaupten, daß er sich wirklich nach seinem Rücktritt am 23. Juli zurückgezogen hat und nicht immer noch die Fäden zieht.

Ein Bild aus dieser Zeit ist um die Welt gegangen: In Danubyu, am 5. April, befiehlt Hauptmann Myint Oo seinen Truppen, auf Aung San Suu Kyi anzulegen, die mit ihren Anhängern die Straße herunterkommt. Später wird sie völlig ungerührt, fast beiläufig berichten: „Meine NLD-Kollegen und ich waren gerade von unserer Tagestour flußabwärts zu einigen Städten und Dörfern zurückgekommen. In unserer Begleitung war ein Major der Truppen der Gegend und andere Offiziere in ihren Booten. Wir kamen abends zurück und gingen auf das Haus zu, wo wir übernachten sollten. Vor mir ging ein junger Mann mit einer NLD-Flagge. Wir gingen hinter ihm her nach Hause, mitten auf der Straße, das war alles. Dann sahen wir auf der anderen Seite der Straße die Soldaten, kniend, die auf uns zielten. Der Hauptmann schrie uns an, wir sollten von der Straße runter. Ich bat den jungen Mann mit der Flagge, zur Seite zu treten, weil ich nicht wollte, daß er die offensichtliche Zielscheibe würde. Er ging zur Seite. Dann riefen die Soldaten, sie würden feuern, wenn wir in der Mitte der Straße weitermarschieren würden. Gut, sagte ich, dann gehen wir auf die Seite und verteilen uns so. Der Hauptmann rief zurück, daß er auch dann schießen lassen würde, wenn wir auf beiden Seiten der Straße weitergingen.

Irgendwie klang das sehr übertrieben", erzählt Suu lachend. „Ich dachte, wenn er uns erschießen lassen will, auch wenn wir auf die Seite gehen, vielleicht wollen sie eigentlich nur mich erschießen. Warum soll ich dann nicht in der Mitte der Straße weitergehen, dachte ich. Und während ich auf sie zuging, kam der Major angelaufen und stritt mit dem Hauptmann. Als wir durch die Reihen der Soldaten, die noch immer die Gewehre im Anschlag hatten, hindurch gingen, bemerkte ich, daß einige zitterten und murmelten, aber ich weiß nicht, ob das vor Nervosität oder Haß war."

Der Streit zwischen dem Hauptmann und dem Major gipfelte in einem Drama: Der Hauptmann riß sich seine Rangabzeichen herunter und schmiß sie auf den Boden mit den Worten, wenn ich nicht den Befehl zum Schießen geben kann, warum habe ich diese Dinger dann. Es wird berichtet, daß Myint Oo nach diesem Vorkommnis zum Major befördert wurde, was zeigt, daß er im Auftrag gehandelt haben muß.

„Ich war ziemlich kühl und besonnen", berichtet Aung San Suu Kyi. „Ich dachte, was macht man? Dreht man um, oder geht man weiter? Mein Gedanke war, daß man in einer solchen Situation nicht umkehrt. Ich glaube nicht, daß ich da einmalig bin. Ich habe oft gehört, daß Leute, die an Demonstrationen teilgenommen haben, sagen, daß man nicht im voraus entscheiden kann, was man macht, wenn die Polizei auf einen einstürmt. Es ist eine Entscheidung, die dann und dort getroffen wird. Bleibt man stehen, oder läuft man weg? Was immer man auch vorher gedacht hat, wenn es zu dem entscheidenden Punkt kommt, an dem man wirklich mit Gefahr konfrontiert ist, muß man sich entscheiden."

In den Briefen an ihren Mann und ihre Söhne berichtet sie mehr von dem Staub und dem Schweiß, den ihre unermüdlichen Reisen verursachen: „Der letzte Ausflug (nach dem nach Danubyu) war äußerst strapaziös, auf von Bullen gezogenen Karren und kleinen Booten in der gleißenden Sonne. – Deine Suu wird leider vom Wetter gegerbt, von der verwöhnten Eleganz ist nicht mehr viel übrig, während sie durch die Landschaft zieht, von Schlamm bespritzt, mit strähnigem Haar, und Staub einatmet und Schweiß aus ihr herausrinnt! Ich bräuchte ein paar Monate im grauen, feuchten Oxford, um meinen Teint zu restaurieren! Aber trotz aller Schwierigkeiten habe ich das Gefühl, daß das, was ich tue, es wert ist – die Völker Burmas haben etwas Besseres verdient als dieses Durcheinander von Unfähigkeit, Korruption und Machtmißbrauch." Keine Rede von Gewehren, die auf sie zielten. Unklar ist, ob sie ihre Familie nicht beunruhigen wollte, oder ob sie wirklich so ruhig und gelassen mit den Gefahren umgeht, die sie umgeben. Es ist ganz bestimmt eine sehr buddhistische Einstellung zum eigenen Ich.

Aber sie sieht auch Unterschiede zwischen ihrer Einstellung und der der Buddhisten, die sie umgeben: „Vielleicht merke ich erst, wenn ich mich beobachte, wie ich auf die Ungerechtigkeiten der Behörden reagiere, daß ich weniger Angst habe als die meisten Burmesen. Das kommt bestimmt daher, daß ich den größten Teil meines Lebens in freien Gesellschaften gelebt habe; Furcht vor Autorität ist mir nicht zur Gewohnheit geworden", schreibt sie in ihrer wohl berühmtesten Schrift *Freiheit von Furcht* (Freedom from Fear), die wie eine Art Programm für sie wird. „Für mich ist es normal, Fragen nicht zu beantworten, die die Fragenden meiner Ansicht nach kein Recht haben zu stellen. Aber viele Menschen in Burma haben so viel Angst, daß, wenn die Behörden sie befragen, sie sich dem Verhör unterwerfen. Sie sind wie dafür konditioniert."

„Es ist nicht Macht, die korrumpiert, sondern Angst." Ihre Schrift wird von Aung San Suu Kyis Ehemann anläßlich der Verleihung des Sacharow-Preises *in absentia* an seine Frau veröffentlicht. „Furcht, die Macht zu verlieren, korrumpiert diejenigen, die sie ausüben. Und Furcht vor der Geißel der Macht korrumpiert die anderen, die unter ihr leiden." Suu beschreibt in diesem Essay, wie man aus diesem Teufelskreis ausbrechen kann: „Furchtlosigkeit ist eine Gabe, aber vielleicht ist Mut noch wertvoller, Mut, den der erwirbt, der strebend sich bemüht: Mut, der zunimmt, wenn man sich angewöhnt, nicht mehr Furcht das Handeln bestimmen zu lassen; Mut, den man als ‚Freimut unter Druck' beschreiben kann; Freimut, der im Angesicht von hartem und unablässigem Druck sich immer wieder erneuert."

Dieses Essay ist eine Verbeugung an den Mut, den das burmesische Volk zu jener Zeit bewies. Es sollte all die beschämen, die behaupteten, in dieser Revolution sei es darum gegangen, die Macht denjenigen zu nehmen, die sie gewaltsam an sich gerissen hatten. Eine machtbesessene Clique sollte nicht gegen eine weitere ausgetauscht werden: „Öffentliche

Unzufriedenheit mit der wirtschaftlichen Not wird als der Hauptgrund für die demokratische Bewegung in Burma angesehen, die mit den Studentendemonstrationen 1988 begann. Es ist schon richtig, daß jahrelange wirre Politik, ungeschickte offizielle Maßnahmen, zunehmende Inflation und abnehmendes Realeinkommen das Land in einen wirtschaftlichen Scherbenhaufen verwandelten. Aber es war mehr als nur diese Schwierigkeit, sich gerade einmal recht und schlecht durchschlagen zu können, was die Geduld dieser ansonsten so guten und ruhigen Menschen reißen ließ – es war die Demütigung eines Lebens, das von Korruption und Furcht entstellt ist." Die Studenten protestierten nicht nur, meint Aung San Suu Kyi, um den Tod ihres Kameraden zu betrauern, sondern auch weil ein totalitäres Regime ihnen das Recht auf ein Leben ohne Furcht verweigere, weil der Gegenwart jeder Sinn und der Zukunft jede Hoffnung genommen worden sei. Und weil die Studentenproteste die Frustration der gesamten Bevölkerung ausdrückten, wurden die Demonstrationen schnell zu einer nationalen Bewegung. „Die Menschen in Burma waren den prekären Zustand passiver Besorgnis leid, wenn sie nur ‚Wasser in den zum Schöpfen gehöhlten Händen' der derzeitigen Machthaber waren."

Aung San Suu Kyis Essay ist ein Aufruf zum Durchhalten: „Heilige, so sagt man, sind Sünder, die es immer wieder versuchen. Und so sind freie Menschen in Wirklichkeit Unterdrückte, die nicht aufgeben und die sich so darauf vorbereiten, einmal Verantwortung zu tragen und die Ordnung zu verteidigen, die eine freie Gesellschaft aufrechterhält. Zu den grundlegenden Freiheiten, die man anstrebt, um ein erfülltes und uneingeschränktes Leben zu leben, zählt Freiheit von Furcht. Sie ist sowohl Weg wie Ziel. Ein Volk, das eine Nation aufbauen will, in der starke, demokratische Institutionen etabliert sind als Garantie gegen staatliche Willkürherrschaft, dieses Volk muß erst lernen, seinen Geist von Teilnahmslosigkeit und Furcht zu befreien."

Aung San Suu Kyi ist überzeugt, daß das burmesische Volk dazu in der Lage ist. Und es hat dies bewiesen: Trotz der wiederholten blutigen Niederschlagung der Demonstrationen für Demokratie und Freiheit im ganzen Land steht das Volk immer wieder auf. „Die Fähigkeit, sich zu verbessern und sich durch eigene Kraft zu retten, ist die Eigenschaft, die den Menschen am meisten vom Vieh unterscheidet", schreibt sie am Ende des Essays *Freiheit von Furcht*. „Die menschliche Vision einer Welt, fähig für eine rationale und zivilisierte Menschheit, läßt es uns wagen und für das Ziel leiden, eine Gesellschaft frei von Not und Furcht aufzubauen. Begriffe wie Wahrheit, Gerechtigkeit und Mitgefühl können nicht als banal zurückgewiesen werden, wenn sie so oft die einzigen Bollwerke gegen rücksichtslose Gewalt sind."

20. Juli 1989

Rangun, den 20. Juli 1989

„Gegen halb sieben Uhr an diesem Morgen umstellte eine große Anzahl bewaffneter SLORC-Soldaten das Anwesen Suus. Als ich eintraf, bot sich mir ein seltsamer Anblick – alle diese Soldaten, deren Gewehre auf das Haus gerichtet waren, sie standen schweigend da, erstarrt wie bei einer Belagerung. Und wozu das alles? Wegen einer einzigen Frau!" U Kyi Maung kann es immer noch nicht fassen. Der ehemalige General kann nicht begreifen, wozu dieses Auffahren schwerer Geschütze notwendig ist. Aung San Suu Kyi ist unbewaffnet. Sie hat keine Truppen hinter sich. Nur die Unterstützung der Bevölkerung. SLORC hat mit ansehen müssen, wie ihre Popularität von Tag zu Tag zunimmt. Der Woge des Volksunmuts scheint der SLORC nur Einhalt gebieten zu können, indem der Kopf der Bewegung abgeschlagen wird. Aung San Suu Kyis Verhaftung steht bevor.

Am Vortag, dem Märtyrertag, der ein Feiertag in Burma ist, wollte Aung San Suu Kyi ihren Vater und die mit ihm ermordeten Kabinettsmitglieder mit einem Demonstrationsmarsch durch Rangun ehren. Aber die Situation hatte sich bereits zu sehr zugespitzt. Sie selbst hatte öffentlich das ausgesprochen, was viele damals vermuteten, nämlich daß die Armee immer noch von dem zurückgetretenen General Ne Win kontrolliert wurde. Und sie hatte ihre Zweifel offen bekundet, daß das Militär wirklich die Macht an eine zivile Regierung abzugeben gedenke. Als Suu verkündete, sie wolle die Demonstration anführen, wurden schwerbewaffnete Truppen auf den Straßen der Hauptstadt postiert. Im Angesicht der Gefahr einer

Wiederholung des Massakers vom 8. 8. 88 sagte Suu den Marsch ab. Am nächsten Tag umstellen die Soldaten ihr Anwesen.

„Seltsamerweise ließ mich der Kommandeur, ein SLORC-Offizier, in das Anwesen hinein. Als ich kam, waren bereits sämtliche Mitglieder des NLD-Exekutivausschusses außer U Tin U dort. Soldaten hatten auch sein Anwesen umstellt. Und einen Augenblick lang dachte ich, sie wollten uns alle verhaften. Aber wir ließen uns nicht stören, setzten uns zwanglos zum Essen zusammen und machten dauernd unsere Witze", erinnert sich U Kyi Maung. „Verstehen Sie, keiner von uns war durch die SLORC-Aktion im geringsten besorgt oder eingeschüchtert. Also lachten wir die ganze Zeit über." Es mag Außenstehenden erstaunlich erscheinen, daß die NLD-Mitglieder im Angesicht der bewaffneten Staatsgewalt Witze machen konnten. „Sie müssen bedenken", hält er dem Zweifler entgegen, „daß Suu wirklich sehr komisch ist . . . Natürlich haben wir auch einige praktische Dinge erledigt, zum Beispiel beschlossen, wer die frei gewordenen Plätze im Exekutivausschuß besetzen soll, und ein kurzes Programm aufgestellt, wie es künftig weitergehen soll."

Politik, so Aung San Suu Kyis Devise, ist harte Arbeit und Pragmatismus. Sie tut nur ihre Pflicht, das betont sie immer wieder. Sie ist keine Heilige. Demokratie, so die Worte ihres Parteifreundes U Kyi Maung, ist ein höchst irdisches Unterfangen. Ihre Gespräche an jenem Tag drehten sich um Suus bevorstehende Verhaftung. Mit einem Hausarrest rechnete niemand. Aber U Kyi Maung erinnert sich, daß sie nicht darüber sprachen, wie Suu das Leben im Gefängnis bewältigen würde. Er selbst hatte Erfahrung mit diesem Leben. Für seine Opposition gegen die Herrschaft des Militärs war der ehemalige General dreimal ins Gefängnis gewandert. Aber an jenem 20. Juli 1989, als alle NLD-Parteifreunde damit rechneten, daß Suu in das berüchtigte Insein-Gefängnis gebracht würde, sprach er nicht darüber: „Verstehen Sie, Suu ist eine energische Frau, sie kann selbst auf sich aufpassen. Natürlich rechneten wir damit, daß die Soldaten jeden Augenblick ins Haus eindringen würden. Man darf nicht vergessen, daß wir damals schon seit Monaten von Soldaten beobachtet wurden. Wenn sie also jetzt vor Suus Anwesen standen, so war dies nur der nächste folgerichtige Schritt des SLORC. Deshalb sagten wir uns gegen halb drei Uhr nachmittags: ‚Na gut, draußen werden sie wohl ungeduldig darauf warten, daß wir die Sitzung beenden.' Also verabschiedeten wir uns und verließen allesamt das Haus. Das war's."

Die Soldaten betraten das Anwesen erst am späten Nachmittag. Zehn Stunden hatten sie in brütender Hitze wie Statuen dagestanden. Von innerhalb des Zaunes hatten jugendliche NLD-Anhänger den ganzen Tag die Soldaten mit Demokratieliedern und Suus Reden vom Tonband und über Lautsprecher bombardiert. „Ich muß hier einfügen, daß wir in politischer Hinsicht eine gewaltlose Aufklärung und Bildung als die wirksamste Waffe im Kampf gegen Unwissenheit und Unterdrückung ansehen", erläutert das Mitglied des NLD-Exekutivausschusses, das, als Suu Generalsekretärin und U Tin U Vorsitzender wurden, den Bereich Informationsbeschaffung übernahm. Die jugendlichen Anhänger setzten an jenem Tag diese Waffe gegen die ebenfalls jugendlichen Soldaten ein. Sie appellierten an ihre Brüder auf der anderen Seite des Zauns. Sie hätten so viel gemeinsam. Hört doch Suus Worte über Mut und menschliche Würde. Doch dann, um halb fünf, lassen die Oberen das Gelände und das Haus stürmen, das gleichzeitig Suus Wohnhaus und NLD-Zentrale ist. Schreibmaschinen, Photoapparate, Videokameras, Tonbandgeräte und die NLD-Mitgliederkartei werden beschlagnahmt. All das zu einem Zeitpunkt, als SLORC der burmesischen Bevölkerung und der ganzen Welt weismachen wollte, daß er „eine Kampagne für freie und faire demokratische Wahlen in einem Mehrparteiensystem" veranstalte. U Tin U, der Parteivorsitzende, wird ins Gefängnis geworfen und Aung San Suu Kyi, die NLD-Generalsekretärin, unter Hausarrest gestellt. Der Kopf des Ungetüms namens Demokratiebewegung, so glaubt SLORC, ist somit abgeschlagen. Nun wird SLORC die Wahlen gewinnen.

Als Michael Aris von der Verhaftung seiner Frau hört, ist er nicht nur um sie, sondern auch um seine Söhne besorgt. Alexander, 16 Jahre, und Kim, 12 Jahre, waren von Oxford aus nach Rangun gekommen, während Michael Aris nach Schottland reiste, weil sein Vater gestorben war. Dort erreicht ihn die Nachricht. In seinem Paß ist immer noch ein gültiges Visum, also macht er sich umgehend auf den Weg nach Burma. „Als das Flugzeug auf dem Mingaladon-Flughafen ausrollte, konnte ich eine Menge Militär auf dem Rollfeld ausmachen. Die Maschine wurde von Truppen umstellt, und als ich ausstieg, wurde ich identifiziert und in die VIP-Lounge abgeführt. Der Gesandte der britischen Botschaft, der mich abholen sollte, konnte nicht zu mir gelangen. Für 22 Tage verschwand ich von der Bildfläche." Niemand wußte, was Michael Aris zugestoßen war. Seine Familie in England war äußerst besorgt. In der britischen Presse erschienen Berichte über den verschwundenen Oxford-Wissenschaftler. Die britische Regierung und die Europäische Gemeinschaft versuchten bei den Militärs in Burma zu intervenieren. Umsonst.

„Die Geschichte, was in diesen drei Wochen wirklich passierte, die schwerste Krise, die wir bis jetzt als Familie zu meistern hatten, könnte ein ganzes Buch füllen. Aber lassen Sie mich kurz fassen." Genauso wie seine Frau macht auch Michael Aris nicht viele Worte. Persönliches und Gefühle geben sie beide nicht preis. „Der sehr nette Militärobere, der mich am Flugplatz in Empfang nahm, teilte mir mit, wenn ich die gleichen Bedingungen akzeptieren würde, unter denen Suu unter Arrest stand, dann könnte ich zu ihr und den Jungen. Diese Bedingungen waren unter anderen: kein Kontakt mit irgendeiner Botschaft oder mit Leuten in der Politik. Ich konnte ehrlich sagen, daß der einzige Grund meines Kommens sei, daß ich bei meiner Familie sein wolle und daß ich daher keine Schwierigkeiten mit diesen Bedingungen habe. Wir fuhren vom Flugplatz ab und fanden das Haus von Truppen umstellt vor. Das Tor öffnete sich, und wir fuhren hinein. Ich hatte keinerlei Vorstellung, was ich zu erwarten hatte."

Michael Aris findet seine Frau geschwächt vor. Sein Ankunftstag ist der dritte Tag ihres Hungerstreiks, mit dem sie ihre Forderung durchsetzen wollte, mit den jungen Anhängern gemeinsam ins Gefängnis zu gehen, die von ihrem Anwesen am Tag ihrer Festsetzung abgeholt worden waren. Sie war davon überzeugt, daß ihre Anwesenheit im Gefängnis diese jungen Leute vor Folter und Mißhandlung schützen konnte, weil dann das Augenmerk der Weltöffentlichkeit auf das Insein-Gefängnis gerichtet sei. Sie nahm ihre letzte Mahlzeit am Abend des Beginns ihres Hausarrestes ein und wies von da an alle Nahrung von sich. Zwölf Tage lang, bis zum Mittag des 1. August, nahm sie nur Wasser zu sich. An diesem Tag gibt ihr ein Offizier sein Ehrenwort und verspricht ihr, auch im Namen seiner Vorgesetzten, daß ihren jungen Anhängern kein Haar gekrümmt werden wird und daß sie vor ein ordentliches Gericht gestellt werden. Suu akzeptiert diesen Kompromiß, und die Ärzte, deren Behandlung sie bis dahin verweigert hatte, hängen sie sofort an einen Tropf. Sie hatte sechs Kilo abgenommen, was sie bei ihrer zierlichen Figur sehr ausgemergelt erscheinen ließ. Ihr Ehemann muß dies alles mit ansehen, und traurig gibt er später zu Protokoll, daß er nicht wisse, ob die Militärs ihr Versprechen gehalten haben.

„In dieser ganzen Zeit war Suu sehr ruhig und die Jungen auch. Sie verbrachte die Tage ihres Fastens ruhend, lesend oder in Unterhaltung mit uns. Ich war viel weniger ruhig", erinnert sich Michael Aris, „aber versuchte so zu tun als ob. Als Übermittler von Suus Forderungen an die Stadtoberen und einen Saal voll Offizieren, und durch sie an die SLORC-Führung, wurde ich vor laufenden Kameras in den großen Sitzungssaal des Rathauses von Rangun geführt. Die ganze Zeit wurde mir nichts anderes als äußerste Höflichkeit erwiesen. Elf Tage nachdem Suu ihren Hungerstreik beendet hatte, wurde ich schließlich zu einem Treffen mit dem britischen Konsul in einem Gästehaus des Militärs geführt. In Anwesenheit eines SLORC-Repräsentanten bestätigte ich die ganze Geschichte von Suus Hungerstreik, die bereits herausgesickert war."

Suu erholt sich von ihrem Hungerstreik. Auch ihr Gewicht kehrt zurück. Die Krise scheint vorbei, und die Spannungen nehmen ab. Alexander und Kim freunden sich sogar mit den Wachen an und lernen asiatische Kampfkünste von ihnen. Michael bringt das Haus in Ordnung und trifft Vereinbarungen mit den Behörden, wie er Pakete und Briefe in der Zukunft aus England an seine Frau schicken kann. Der Semesterbeginn rückt näher, und so heißt es, Abschied von Suu zu nehmen. Am 2. September reisen die drei ab.

„Dieses war das letzte Mal, daß die Jungen ihre Mutter wieder sehen durften", schreibt Michael Aris im September 1991. „Einige Tage nach unserem Eintreffen in England teilte mir die burmesische Botschaft in London mit, daß die burmesischen Pässe der Jungen ungültig und nun storniert seien, da sie kein Anrecht auf burmesische Staatsbürgerschaft hätten. Alle Versuche, Visa für ihre neuen britischen Pässe zu bekommen, schlugen fehl. Sehr offensichtlich war geplant, Suu den Mut zu nehmen, indem man sie von ihren Kindern trennte, in der Hoffnung, sie werde ein permanentes Exil akzeptieren."

Aber SLORC hatte sich verrechnet. Suu hatte damals bereits den Entschluß gefaßt, ihr persönliches Glück hintanzustellen. Sie besinnt sich auf Grundsätze, die sie von ihren Eltern geerbt hat, und auf ihren buddhistischen Glauben. Sie erzählt die Geschichte der Padasari, der Tochter reicher Eltern, die mit einem Sklaven durchbrennt und in ein fernes Land wegläuft. Padasari gebiert zwei Söhne, aber bekommt so schreckliches Heimweh, daß sie ihren Mann bittet, sie nach Hause zu bringen. Auf dem Weg dorthin verliert sie auf tragische Weise sowohl ihren Ehemann wie ihre zwei Kinder. Sie schleppt sich weiter und gelangt in ihre Heimat, erfährt aber, daß ihre Eltern und ihr Bruder, die ganze Familie also, gestorben und gerade verbrannt worden sind. Die unglückliche Padasari wird wahnsinnig und irrt herum, gepeitscht von ihrer Trauer, bis sie Buddha erlöst, indem er ihr beibringt, wie sie geistigen Frieden finden kann. „Padasari wird als der Inbegriff des alles vernichtenden Feuers extremer Trauer gesehen", schreibt Aung San Suu Kyi in ihren *Briefen aus Burma*. „Aber ihre Geschichte ist eigentlich eine äußerst freudige: die Freude des Sieges über das eigene Wesen (über den inneren Schweinehund)." Die Buddhistin Aung San Suu Kyi kennt die „Vier Edlen Wahrheiten": Alles Dasein ist unablässigem Leiden unterworfen; Suu weiß, daß die Ursache des Leids das Verlangen nach Sinnesgenüssen und nach Dasein ist und daß der einzige Ausweg aus dem Leid, das sie durch die Trennung von ihren Kindern empfindet, der Abschied von jenem Verlangen ist. Der zur Aufhebung des Leidens führende Weg ist der „edle, achtfache Pfad": rechte Ansicht und rechtes Denken, rechte Rede, rechtes Handeln und Leben, rechtes Streben, rechte Wachsamkeit und Sammlung. In ihrer schwersten Stunde besinnt sich Suu auf die Lehren Buddhas.

„Wie viele meiner buddhistischen Kollegen entschloß ich mich, die Zeit meiner Haft durch Meditation sinnvoll zu nutzen", schreibt Aung San Suu Kyi in ihren *Briefen aus Burma*. „Kein einfaches Unterfangen. Ich hatte keinen Lehrer, und die ersten Anläufe waren – gelinde gesagt – frustrierend. Es gab Tage, an denen ich mein Scheitern bei der Disziplinierung meines Verstandes in den vorgeschriebenen Meditationspraktiken so frustrierend fand, daß ich das Gefühl hatte, es schade mir mehr, als daß es helfe. Ich hätte wahrscheinlich aufgegeben, wenn mir ein berühmter buddhistischer Lehrer nicht geraten hätte, daß man, ob man meditieren wolle oder nicht, es um des eigenen Wohles willen tun solle. Also biß ich meine Zähne zusammen und blieb dabei, auch wenn ich manchmal sehr niedergeschlagen war."

Doch dann kommt im Dezember 1989 ein Hoffnungsschimmer in ihre dunkle Haft. Ihr Ehemann bekommt ein Visum: „Ich durfte noch einmal zurückkehren, um zwei Wochen um Weihnachten herum mit ihr zu verbringen", erzählt Michael Aris. „Wahrscheinlich hofften die Behörden, daß ich versuchen würde, sie zu überreden, mit mir gemeinsam das Land zu verlassen. Aber in Wirklichkeit habe ich nicht einmal daran gedacht, das zu versuchen. Ich kannte die Stärke von

Suus Überzeugungen. Vielleicht war das der Zeitpunkt, an dem sie einsahen, daß ich für ihre Zwecke nicht mehr nützlich war." Dieses Zugeständnis seines Besuchs wiederholt sich daher so schnell nicht wieder.

„Die Tage, die ich mit ihr dieses letzte Mal allein verbrachte, völlig von der Welt abgeschnitten, gehören zu den glücklichsten Erinnerungen unserer vielen Ehejahre", erinnert sich Michael Aris. „Es war wunderbar friedlich. Suu hatte einen strikten Plan von körperlicher Ertüchtigung, Studien und Klavierspielen aufgestellt, den ich erfolgreich durcheinanderbrachte. Sie lernte eine Reihe von buddhistischen Sutras auswendig. Ich holte die Weihnachtsgeschenke, die ich mitgebracht hatte, eines nach dem anderen heraus, um sie über die Tage zu strecken. Wir hatten alle Zeit der Welt, um über viele Dinge zu sprechen. Ich hatte nicht vermutet, daß dies das letzte Mal in der absehbaren Zukunft war, daß wir zusammen sein würden."

Als Michael abreist, beginnt für Suu die Einsamkeit. Aber ein Geschenk, das er hinterlassen hat, hilft ihr weiter. Michael hatte ihr U Panditas Buch *In This Very Life: The Liberation Teachings of the Buddha* geschenkt: „Durch das genaue Studium dieses Buches habe ich verstanden, wie man lernt, die Schwierigkeiten der Meditation zu meistern und den Nutzen zu schätzen. Ich lernte, wie Meditation größere Rücksicht im täglichen Leben herbeiführt, und ich erinnere mich immer wieder mit Dankbarkeit und Anerkennung an die Worte des U Pandita über die Wichtigkeit des *Sati* (Bewußtheit, geistige Wachheit)."

Aung San Suu Kyi ist eine sehr bewußte Buddhistin. Das Fundament ihres Glaubens wurde in ihrer Jugend von ihrer Mutter gelegt. Auf diesem Fundament baut sie auf, als sie in die Politik einsteigt: Sie sucht den spirituellen Halt und Rat von Mönchen und Äbten. Auf einer ihrer Wahlkampftouren durchs Land riet ihr ein spiritueller Lehrer, sich auf die Taten des Einsiedlers Sumedha zu besinnen, der seine mögliche frühe Erlösung geopfert hätte, um andere vom Leid zu erlösen. „Und so mußt auch du bereit sein, dich so lange zu bemühen, wie es notwendig ist, um das Gute und die Gerechtigkeit zu erzielen, ermahnte mich der ehrbare *Hsayadaw*", erinnert Suu sich später.

„Als ich Natmauk besuchte, die Heimatstadt meines Vaters, ging ich zu dem Kloster, in dem er als Junge studiert hatte." Auch im Spirituellen sucht sie immer wieder die Verbindung zu ihrem Vater. „Dort hielt mir der Abt einen Vortrag über die vier Ursachen des Niederganges und des Verfalls: das Scheitern beim Wiederfinden des Verlorenen, das Versäumnis, das zu reparieren, was kaputt ist, die Mißachtung der Notwendigkeit, gut zu wirtschaften, und die Erhebung derjenigen zu Führungspositionen, die ohne Moral oder Verstand sind. Der Abt fuhr fort in seiner Erklärung, wie diese traditionellen buddhistischen Anschauungen ausgelegt werden sollten und wie sie uns helfen, eine gerechte und gedeihende Gesellschaft in diesem modernen Zeitalter zu errichten." Ihre politischen Überzeugungen sind sehr tief im Buddhismus verwurzelt, und der Rat der spirituellen Lehrer ist eine wirkliche Richtschnur für Aung San Suu Kyi.

„Von den weisen Worten, die ich auf meiner Reise durch Zentralburma gesammelt habe, sind die des 91jährigen *Hsayadaw* von Sagaing besonders denkwürdig. Er zeichnete für mich kurz und knapp auf, wie es sein würde, für Demokratie in Burma zu arbeiten: ‚Du wirst angegriffen und verunglimpft werden, wenn du dich für ehrliche Politik einsetzt', verkündete der *Hsayadaw*, ‚aber du mußt dabeibleiben. Setze auf *dukkha* (Leid), und du wirst *sukha* (Glückseligkeit) gewinnen.'"

Die Pflichten des Herrschers

„Gegner der Bewegung für Demokratie in Burma haben versucht, diese zu untergraben, indem sie auf der einen Seite abfällige Bemerkungen über die Fähigkeit der Menschen machten, zu entscheiden, was das Beste für die Nation sei; und auf der anderen Seite die grundlegenden Lehrsätze der Demokratie als unburmesisch verurteilten", schrieb Suu Kyi im ersten einer Reihe von Artikeln, die sie ihrem Vater widmen wollte und die wegen ihres Hausarrests niemals fertiggestellt wurden. Aus den von ihrem Ehemann in ihrem Namen veröffentlichten Fragmenten läßt sich aber ganz klar Suus Überzeugung ablesen, daß die Demokratie die einzig richtige Staatsform für Burma ist. Für die Demokratie waren die Burmesen bereit, ihr Leben zu lassen. Sie war nicht von außen aufgepfropft, sondern ein Gewächs, das sich aus Buddhismus und burmesischer Tradition ganz natürlich nährte: „In Burma, das über mehrere Jahrzehnte hinweg von politischen und intellektuellen Entwicklungen der Außenwelt abgeschnitten war, mußten die Menschen aus ihren eigenen Quellen schöpfen, um gegen das doppelte Gerücht ihrer eigenen Untauglichkeit für politische Verantwortung und der Unangebrachtheit von Demokratie für ihre Gesellschaft anzugehen."

Warum hat Burma mit seinem Reichtum an Bodenschätzen und Menschen nicht frühere Hoffnungen erfüllen können? Warum wirkt es im Gegensatz zu seinen Nachbarn, die von der Natur weniger gesegnet sind, zurückgeblieben? Warum verlieh die UNO der ehemaligen Kornkammer Asiens den wenig erstrebenswerten Titel „am wenigsten entwickeltes Land"? Auf all diese Fragen, so Aung San Suu Kyi, haben Wissenschaftler detaillierte Antworten gesucht und sie in der „genauen Analyse der historischen, kulturellen, politischen und wirtschaftlichen Faktoren" gefunden. „Die Burmesen aber, die keinen Zugang zu anspruchsvollem akademischem Material hatten, sind auf den Kern des Problems gestoßen, in dem sie sich die Worte Buddhas über die vier Ursachen des Niederganges und des Verfalls vergegenwärtigten", schreibt sie und erinnert sich an die Worte des Abts in Natmauk.

„Übersetzt in zeitgenössische Worte heißt das: Als demokratische Rechte verlorengingen und eine Militärdiktatur sie ersetzte, wurden keine ausreichenden Versuche unternommen, sie zurückzugewinnen; moralische und politische Werte verfielen, ohne daß konzertierte Versuche unternommen wurden, die Situation zu retten; die Wirtschaft wurde schlecht geführt, und das Land wurde von Männern regiert, die weder

Integrität noch Weisheit besaßen. Eine grundlegende Studie der gescheitesten Wissenschaftler mit den besten und modernsten Methoden hätte nicht korrekter und bündiger die Hauptursachen des Niederganges Burmas seit 1962 identifizieren können."

Die Militärmachthaber fanden es äußerst schwierig, gegen die Tochter des Nationalhelden zu argumentieren. Also beschuldigten sie Aung San Suu Kyi, von fremden Mächten gesteuert zu sein, zu lange im Ausland gelebt zu haben und von fremden, „unburmesischen" Methoden so korrumpiert zu sein, daß sie diese auch in Burma einsetzen wolle. „Das ist die offizielle Version", sagte sie mir, als ich sie auf die riesigen Plakatwände an der Ecke zur University Avenue ansprach. „Aber ich glaube nicht, daß sich die Menschen drum kümmern. Wenn sie das täten, hätten sie 1992 nicht für meine Partei gestimmt." Würde ihr Ehemann, ein Nicht-Burmese, versuchen, sie zu beeinflussen, wenn er an ihrer Seite in Burma wäre? „Ich würde von meinem Mann bestimmt nicht erwarten, ich würde es auch nicht zulassen, daß er sich in meine politische Arbeit einmischt. Ich bin sicher, daß er nicht einmal daran interessiert wäre. Er ist sehr erfolgreich auch ohne mich, ein sehr angesehener Wissenschaftler." Und haben sich ihre politischen Anschauungen hauptsächlich im Ausland entwickelt? „Ich glaube schon, daß sich meine politischen Überzeugungen entwickelt haben. Bevor ich in die Politik ging, habe ich nicht immer darüber nachgedacht, oder mehr akademisch darüber gebrütet. Aber ich finde, politische Ideen sollten sich entwickeln und nicht aus dem Instinkt geboren werden, nicht auf weiblichem Instinkt beruhen. Ich glaube, der evolutionäre Prozeß ist der beste."

Und Aung San Suu Kyi ging immer wieder zu ihren Wurzeln zurück, zu burmesischen Traditionen, den Überzeugungen ihrer Eltern, besonders ihres Vaters, und zu den Lehren Buddhas: „Die buddhistische Ansicht der Weltgeschichte besagt, daß, als die Gesellschaft aus ihrem ursprünglichen und reinen Stadium in moralisches und gesellschaftliches Chaos verfiel, ein König gewählt wurde, um Frieden und Gerechtigkeit wiederherzustellen. Dieser Herrscher war unter drei Namen bekannt: *Mahasammata*, ‚der zum Herrscher durch die einstimmige Zustimmung des Volkes Bestimmte'; *Khattiya*, ‚der Ackergrund sein eigen nennt'; und *Raja*, ‚der die Zuneigung des Volkes gewinnt, weil er tugendhaft und gerecht ist und die Gesetze beachtet'. Die Übereinkunft, nach der der Monarch sich verpflichtet, rechtschaffen zu regieren im Gegenzug für einen Anteil an der Reisernte, ist die buddhistische Version einer Regierung auf der Grundlage eines Gesellschaftsvertrags." Ganz im Gegenteil zu den Beschuldigungen der Militärmachthaber hatte Aung San Suu Kyi nicht westliche Prinzipien kritiklos übernommen und „den Virus Demokratie nach Burma eingeschleppt"; sie hatte Gemeinsamkeiten zwischen dem, was sie in Indien und Großbritannien kennen- und schätzengelernt hatte, und ihren burmesischen Grundwerten gefunden, die sie niemals aufgab.

„Der *Mahasammata* wurde immer durch die Zustimmung des Volkes gewählt und war verpflichtet, gemäß gerechten Gesetzen zu regieren. Das Konzept einer gewählten und einer Regierung *sub lege* ist also dem traditionellen burmesischen Denken nicht fremd."

Wahlen

„Während ich bei ihr war, brachten die Behörden die Wahlunterlagen ihrer Partei", erinnert sich Michael Aris. „Sie sollte sie unterschreiben, wenn sie bereit sei, sich trotz ihrer Inhaftierung zur Wahl zu stellen." Aung San Suu Kyi unterschreibt und hängt eine Erklärung an diese Unterlagen an: „Ich bin seit dem 20. Juli 1989 wegen meiner politischen Bestrebungen inhaftiert. Trotz meiner fortdauernden Inhaftierung gebe ich meine Bewerbung als Kandidatin für die kommenden Wahlen ab und folge so dem Beschluß, den das *Bahan-Township*-Komitee der *National League for Democracy* im Dezember 1989 für die Wahl der *Pyithu-Hlutaw*-Delegierten getroffen hat. Ich bewerbe mich, weil ich die Entscheidung, die meine Partei im Einklang mit demokratischen Praktiken getroffen hat, respektiere; um den Mut und die Durchhaltekraft der Menschen, die nach Demokratie streben, zu ehren; und aus dem Wunsch heraus, der Erfüllung der gerechten Bestrebungen der Menschen nach besten Kräften zu helfen."

Nach wenigen Wochen erfindet SLORC eine Ausrede, warum Aung San Suu Kyi sich nicht zur Wahl aufstellen lassen kann. Ihre Bewerbung wird ungültig erklärt. SLORC wähnt seine Hände an der Gurgel der Demokratiebewegung und beginnt zuzudrücken. Nur wenige wagen sich noch auf die Straße. Kurz nach Aung San Suu Kyis Verhaftung hatten Mönche einen Schweigemarsch abgehalten. Eine Handvoll Anhänger hatten des Massakers vom 8. 8. 88 gedacht, doch sie verschwanden schnell in den Gefängnissen. Tin U, der Vorsitzende der NLD, saß im Gefängnis. U Nu, der Premierminister aus den Zeiten vor dem Putsch von 1962, wurde mit Anhängern seiner Partei ebenfalls verhaftet und unter Hausarrest gestellt. Der Bann gegen Versammlungen von mehr als vier Teilnehmern und die Pressezensur werden jetzt rigoros durchgesetzt.

SLORC ist überzeugt, daß die Bevölkerung nun keine andere Wahl mehr hat, als für ihre Partei, die *National Unity Party* (NUP), zu stimmen. Ausländische Journalisten (wenn auch nicht Burma-Spezialisten) werden eingeladen und können berichten, daß trotz ihrer Aktionen bis dahin das Militär am Wahltag, dem 27. Mai 1990, keinerlei Druck auf die Wähler ausübt. Das Regime ist sich seiner Sache ganz sicher: Bei der riesigen Anzahl der Parteien wird es keinen klaren Gewinner geben, nur die NUP. Nicht einmal kleinere Manipulationen der Wahlurnen werden gemeldet. Die Wahl ist fair und ehrlich.

Um so weniger läßt sich an dem Ergebnis deuteln: Die NLD gewinnt 392 der 485 Sitze im Parlament (80 Prozent), und andere Parteien, besonders die UNLD, die Partei der ethnischen Minderheiten, die schon im Vorfeld eine Koalition mit ihr eingegangen waren, erzielen weitere 14 Prozent. Der NUP gelingt es nicht, einen einzigen Sitz in Rangun zu gewinnen, nicht einmal in den Wahlkreisen, in denen Mitglieder des Militärs als Einwohner zahlenmäßig den Zivilisten überlegen waren. Auch ihr Parteiführer wird nicht gewählt. Die herrschende Klasse ist verzweifelt. Gerüchte häufen sich, hohe Offiziere seien bei der Bekanntgabe der Ergebnisse in Tränen ausgebrochen. Panik setzt ein in den Kreisen derjenigen, die die Waffen in der Hand hatten und sich ihres Sieges so sicher waren.

„Suu hatte immer gespürt, daß, wenn freie Wahlen abgehalten würden, ihre Partei bestimmt den Sieg davontragen werde. Ich bin aber nicht sicher, daß selbst sie realisierte, welches Ausmaß dieser Sieg haben werde", erinnert sich Michael Aris. „Es war ein Votum für sie persönlich. Häufig wußten die Wähler nichts über die Kandidaten, außer daß sie Suu repräsentierten. Obwohl sie die zehn Monate vor der Wahl weggesperrt war, nahm sie in den Herzen der Burmesen in dieser Zeit immer mehr Raum ein. Das Ironische dabei ist, daß sie der Bezugspunkt für einen Personenkult wurde, den sie als erste von allen abgelehnt hätte. Loyalität zu Prinzipien, sagte sie häufig, sei wichtiger als Loyalität gegenüber Personen. Aber sie personifizierte am meisten die Prinzipien, die sie und die anderen anstrebten, und so wählten die Menschen sie."

In den Tagen nach der Wahl liegt große Erwartung in der Luft. Die mutigen Wähler Burmas gehen davon aus, daß ihr Wille respektiert wird. Daß Aung San Suu Kyi aus ihrem Hausarrest entlassen wird. Und daß SLORC sein Versprechen hält und einen Zeitplan für die Übergabe der Macht an die gewählte Regierung bekanntgibt. Aber keine dieser Erwartungen erfüllt sich.

Zurück in Oxford erwartet Ehemann Michael Aris wenigstens, daß er oder seine Söhne eine Einreiseerlaubnis bekommen. Statt dessen erreicht ihn ein Brief von Suu, der vom 17. Juli 1990 datiert ist. Es wird der letzte für lange Zeit sein. Michael Aris: „Zu dem Zeitpunkt, da ich diese Worte schreibe, ist es über zwei Jahre her, daß unsere Söhne ihre Mutter das letzte Mal sahen, ein Jahr und fast zehn Monate, seit ich das letzte Mal mit ihr zusammen war, und ein Jahr und fast zwei Monate, seit sie das letzte Mal uns schreiben konnte. SLORC tut sein Bestes, um die Vollendung ihrer Isolation zu verbergen, weigert sich sogar, von Hausarrest zu sprechen, und nennt es statt dessen *‚restricted residence‘* (beschränkter Aufenthaltsort). Sie sagen, ihr stehe frei, jederzeit zu ihrer Familie zurückzukehren. Sie erkennen nicht an, daß sie trotz ihres britischen Ehemannes ganz und gar Burmesin ist und daß das burmesische Volk sie als eine der ihren und als Talisman für ihre zukünftige Freiheit betrachtet."

„Die Ereignisse haben bewiesen, daß sie mit ihren Befürchtungen recht hatte", meint Suus Mann Michael. Das Regime hat nicht vor, die Macht in nächster Zeit abzugeben. Es redet über eine Verfassung und einen verfassunggebenden Konvent, bevor es die Macht abgeben könnte, aber auch hierfür gibt es keinen Zeitplan. Freie Wahlen wurden abgehalten. Das Ergebnis ist eindeutig. Aber nichts passiert. Und Suu, so ihr Ehemann im fernen Oxford, „ist immer noch ziemlich allein".

Die Gedanken sind frei

Die Zimmer in der weißen zweistöckigen Villa am Inya-See sind fast leer. Während ihres Hausarrests verkauft Suu einen großen Teil des Mobiliars, um sich selbst über Wasser zu halten. Sie ist nicht willens, irgend etwas, und sei es nur Verpflegung, von der Regierung anzunehmen. Das einzige Möbelstück, das sie nicht aufgibt, ist ihr Klavier. Während der schlimmsten Zeit der völligen Isolation gehen ihre Anhänger am Haus vorbei, um zu horchen, ob sie noch spielt. Wenn die Töne zu ihnen herüberdringen, dann wissen sie, daß Aung San Suu Kyi noch lebt. „In der Hitze klebten die Tasten fest, und weil ich das Pedal zu hart trat, riß eine Saite. Ich werde schnell wütend", erzählt sie später. Sie hatte niemand, an dem sie diese Wutanfälle abreagieren konnte. „Also trat ich das Klavier."

Ihre Bewacher halten sich auf Abstand. Aber auch sie lauschen. Nicht darauf, ob Suu Vivaldi oder Mozart spielt. Ihre Ohren kleben am Boden, um zu horchen, ob Suu einen Tunnel in die Freiheit buddelt.

Ab und zu dringt nicht nur Musik aus dem Haus an der University Avenue. Aung San Suu Kyi mag eingesperrt sein, aber ihre Gedanken sind frei, und sie gelangen immer wieder einmal nach draußen. Von Mai 1992 an bis Januar 1995 dürfen sie ihre Söhne und ihr Ehemann wieder regelmäßig besuchen: „Dies gab ihr die Möglichkeit, ab und zu Verlautbarungen zu erlassen oder einige wenige Einladungen zu Vorträgen anzunehmen, die ich oder andere dann stellvertretend für sie hielten", erinnert sich Michael Aris. Und so klingt ihre Stimme aus dem Grundstück an der University Avenue heraus, und die ganze Welt hört zu. Und sie hört, wie Aung San Suu Kyi an Statur gewinnt.

Das Europäische Parlament verleiht ihr 1991 für ihr Eintreten für die Menschenrechte den „Sacharow-Preis", der im Juli stellvertretend ihrem vierzehnjährigen Sohn Kim übergeben wird. Im Oktober desselben Jahres wird sie für ihren gewaltlosen und unermüdlichen Einsatz für die demokratische Erneuerung in Burma mit dem Friedensnobelpreis ausgezeichnet, den am 10. Dezember stellvertretend für sie ihr älterer Sohn in Oslo entgegennimmt. In seiner Rede betont Alexander, daß er sicher sei, daß seine Mutter diesen Preis nur im Namen aller Burmesen annehmen könne: „Sie würde sagen, daß dieser Preis nicht ihr gebühre, sondern den Männern, Frauen und Kindern gehöre, die selbst in diesem Moment, während ich spreche, weiter ihr Wohlergehen, ihre Freiheit und ihr Leben opfern, um ein demokratisches Burma herbeizuführen." Aung San Suu Kyi wäre stolz auf ihre beiden Söhne gewesen, wie sie mit großer Haltung und Würde die Stelle ihrer Mutter einnahmen. Sie beweisen, daß auch in ihren Adern das Blut Aung Sans fließt, burmesisches, stolzes Blut. Symbolisch setzen sie so die Linie fort: „Als ihr Sohn kann ich hinzufügen", sagt Kim, „daß ich persönlich glaube, daß sie durch ihre eigene Hingabe und ihr persönliches Opfer zu einem achtbaren Symbol geworden ist, durch das die Not aller Menschen Burmas erkannt werden kann." Und die Söhne akzeptieren dieses Opfer, das bedeutet, daß sie ohne ihre Mutter erwachsen werden müssen. Denn Aung San Suu Kyi hat die Entscheidung getroffen, daß sie nicht ins Exil ausreisen wird, dem SLORC nicht nachgeben wird und so in ihrem Haus eingesperrt bleibt.

Der achtzehnjährige Alexander hält eine sehr eindrucksvolle Rede, in der er zeigt, daß er seine Mutter verstanden hat: „Obwohl meine Mutter häufig als politische Dissidentin beschrieben wird, die mit friedlichen Mitteln nach demokratischer Veränderung strebt, sollten wir uns doch daran erinnern, daß ihr Streben im Grunde ein geistiges ist. Sie hat gesagt, die fundamentale Revolution ist die des Geistes, und hat über die wesentlichen geistigen Ziele des Kampfes geschrieben. Die Realisierung dieser Ziele hängt allein vom menschlichen Verantwortungsbewußtsein ab. An der Wurzel dieses Verantwortungsbewußtseins liegt, und ich zitiere, ‚das Konzept der Perfektion, der Drang, dies zu erreichen, die Intelligenz, einen Weg zu finden, der dorthin führt, und der Wille, diesem Weg zu folgen, wenn nicht ganz bis zum Ende, dann wenigstens so weit, daß man über die eigenen Grenzen hinauswächst'." Der stolze Sohn hat die Grundsätze seiner Mutter verinnerlicht: „Sie hat immer gesagt, daß man nur ein erfülltes Leben leben kann, wenn man den Mut hat, die Verantwortung für die Bedürfnisse anderer zu übernehmen, ‚wenn man die Verantwortung wirklich tragen *will*'. Und sie verbindet dies fest mit ihrem Glauben, wenn sie schreibt: ‚Der Buddhismus, das Fundament der traditionellen burmesischen Kultur, schätzt den Mann, weil nur er unter den Geschöpfen fähig ist, das höchste Stadium des Buddhatums zu erreichen. Jeder Mann hat in sich das Potential, die Wahrheit durch seinen eigenen Willen zu begreifen und zu versuchen, anderen bei diesem Begreifen zu helfen.' Abschließend schreibt sie: ‚Das Streben nach Demokratie in Burma ist der Kampf eines Volkes, das ein vollendetes, sinnvolles Leben als freie und gleichberechtigte Mitglieder der Weltgemeinschaft führen will. Es ist Teil des niemals endenden menschlichen Strebens zu beweisen, daß der menschliche Geist die Fehler der Natur überwinden kann.'"

Die ersten offiziellen Besucher

Am 14. Februar 1994 begrüßt Aung San Suu Kyi die ersten Besucher, die nicht ihrer unmittelbaren Familie angehören: Bill Richardson, der demokratische US-Kongreßabgeordnete für den Staat New Mexico, Jehan Raheem, der Vertreter der UNO-Flüchtlingsorganisation (UNDP) in Rangun, und Phillip Shenon, ein Korrespondent der *New York Times,* erhalten vom SLORC die Erlaubnis, Aung San Suu Kyi zu besuchen. Das Gespräch zwischen den Vieren ist nicht immer ohne Spannung. Aung San Suu Kyi kann nur schwer beurteilen, in welchem Auftrag die drei kommen oder welche Zugeständnisse sie haben machen müssen, um zu ihr zu gelangen.

Als Richardson anhebt, ihr zu sagen, daß seiner Meinung nach der Schlüssel zu einer demokratischen Veränderung in Burma in einem Dialog zwischen ihr und Khin Nyunt liege, dem in Israel ausgebildeten Leiter des Militärgeheimdienstes, den viele für das Gehirn vom SLORC halten, wird sie ärgerlich: „Ich würde lieber von einem Gespräch zwischen SLORC und der NLD oder den demokratischen Kräften sprechen, weil ich nichts von dieser Art Personenkult und Politik der Persönlichkeiten halte", korrigiert sie ihn. „Wenn wir eine Demokratie errichten, dann wollen wir eine, die auf soliden Prinzipien beruht, nicht auf Persönlichkeiten. Sie werden sagen, ‚aber das passiert doch überall in Asien', aber es besteht kein Grund, warum wir das nicht ändern sollten, oder warum wir nicht *versuchen* sollten, dies zu ändern." Aung San Suu Kyi dankt ihren Besuchern für ihre Besorgnis um ihre Person: „Ich bin nur ein Mensch, und *natürlich* mag ich, daß die Menschen sich um mich kümmern. Aber es ist auch etwas beunruhigend. Ich hätte es lieber, wenn die Leute sich für die Demokratiebewegung als Ganzes einsetzen würden, nicht nur für mich. Nur mich morgen zu entlassen, würde nichts bringen, wenn sich die Haltung des SLORC nicht ändert. Was sie mir antun, ist eine Sache zwischen ihnen und mir. Ich kann es aushalten. Was viel wichtiger ist, ist, was sie dem Land antun." Es geht ihr nicht um ihr persönliches Wohl: „Nationale Versöhnung ist nicht nur Versöhnung zwischen zwei Menschen – ich akzeptiere das nicht. Was wir brauchen, ist eine geistige und intellektuelle Versöhnung. Ich habe immer gesagt, daß die einzige Antwort auf Burmas Probleme Dialog ist. Ich bin bereit, zu jeder Zeit, aber sie (SLORC) scheinen nicht so schrecklich begeistert zu sein. Und ich frage mich, warum."

Dialog, so sagte sie dem Kongreßabgeordneten, kann zu vielem führen: „Ich will ihnen gegenübersitzen, sie konfrontieren. Vielleicht behaupten sie deshalb, ich sei auf Konfrontation aus, denn ich habe sonst keine andere Konfrontation gewünscht. Es erscheint mir sehr merkwürdig, daß sie bereit sind, mit bewaffneten Eindringlingen zu sprechen, aber nicht mit legalen politischen Parteien."

Suu berichtet über ihren Hausarrest. Die Jahre 1992 und 1993 waren nicht so schlimm, sie ließen ihre Familie zu ihr kommen. Sehr viel mehr gibt sie nicht preis. Wie sie es aushielt, als Mutter von ihren heranwachsenden Söhnen getrennt zu leben, das geht, so findet Aung San Suu Kyi, niemanden etwas an. SLORC, so berichtet sie ihren Besuchern, habe anscheinend verhandeln wollen. Aber nur über die Konditionen für ihre Ausreise aus Burma. Sie dagegen wollte einen wirklichen Dialog beginnen: „Ich sagte, die einzige wirkliche Antwort seien Verhandlungen und Dialog – es bringt nichts, ein paar politische Gefangene freizulassen, und es bringt auch nichts, meine Familie zu mir kommen zu lassen. Eigentlich wollte ich überhaupt nicht, daß meine Familie zu mir kommt, weil ich das Gefühl hatte, erst einmal sollten andere Gefangene freigelassen werden. Am Ende ließ ich zu, daß Michael kam, um zu zeigen, daß ich kompromißbereit und flexibel bin ... Sie sollen nicht glauben, daß ich meine politischen Überzeugungen aufgebe, nur weil sie meine persönlichen Umstände erträglicher gemacht haben. Mir macht es nichts aus, wenn sie mir alle Privilegien nehmen."

Die Willkürlichkeit ihres Hausarrests wird in den folgenden Worten deutlich: „Sie haben mir im Januar die Verlängerung meines Arrests mitgeteilt – um ein weiteres Jahr. Als Erklärung haben sie gesagt, nach dem Gesetz, nach dem ich mich in Haft befinde, könnte das Zentralkomitee (von dem ich noch nie etwas gehört habe und von dem auch die BBC noch nie etwas gehört hat) entscheiden, ob ich eingesperrt werde. Unter Hausarrest, ohne Gerichtsverfahren, für ein Jahr. Und am Ende dieses Jahres darf ein Ministerrat entscheiden, ob dies auf drei Jahre ausgedehnt wird. Dann haben sie es in fünf Jahre verwandelt. Und dann haben sie gesagt, daß dies fünf Jahre von dem Zeitpunkt des Entschlusses des Ministerrats ab seien, um die Haftperiode zu verlängern. Ich habe ihnen erklärt, daß nach allen existierenden Regeln des internationalen Rechts ‚ein Maximum von fünf Jahren' von dem Zeitpunkt an gezählt wird, wenn man verhaftet wird. Ich habe ihnen auch gesagt, daß sie besser nicht noch einmal diesen Termin hinauszögern, denn es sei für sie sehr ermüdend, ständig mich zu belügen."

Ihre Besucher versuchen sie zu bewegen, eigenhändig dem Militär auch in einem zukünftigen demokratischen Burma eine gewisse Machtposition zu garantieren. Aung San Suu Kyi widersteht der Versuchung, etwas zuzusichern, das sie nicht alleine entscheiden kann: „Ich bin nicht bereit, dies zu besprechen, da es nicht allein an mir ist, dies zuzusagen. Was ich allerdings klarstellen möchte, ist, daß es eine ernsthafte Demokratie sein muß, keine Heuchelei. Darauf würde ich bestehen. Aber natürlich hat jeder in Burma eine Rolle im Land zu spielen, und wir haben das nie ausgeschlossen ... Wir müssen uns nur einigen, wer welche Rolle spielt und wie. Aber eine Gruppe sollte nicht in der Lage sein, das dem Land aufzuzwingen." Als Shenon weiterbohrt und fragt, ob sie sich die Macht mit anderen teilen könne, antwortet Suu wieder: „Ich finde nicht, daß ich über Beteiligung an Einfluß sprechen sollte. Ich möchte eine Regierung für Burma, ein politisches System für Burma, das auf Vertrauen beruht, und jede Abmachung, die das Vertrauen der Leute gewinnen kann, soll mir recht sein." Jede demokratische Regierung muß eine Opposition haben, spricht Suu weiter, sonst wird sie faul: „Es ist wirklich schade, daß SLORC 1990 nicht die Chance ergriffen hat, mit der NLD zu sprechen und ein System zu schaffen, das für alle akzeptabel gewesen wäre. Ich weiß nicht, was in der Zwischenzeit mit der NUP passiert ist, aber ganz sicher hätten wir mehr von ihr gehört, wenn der NLD gestattet worden wäre, damals eine Regierung zu bilden. Wir hätten ihnen eine sehr laute Stimme in der Regierung zugestanden."

Am Schluß des Gesprächs macht Suu noch einmal deutlich, daß sie sich völlig der Demokratiebewegung verschrieben hat: „Als ich mich der Demokratiebewegung anschloß, habe ich fast keine Versprechungen gemacht . . . weil ich nichts versprechen wollte, was ich nicht halten kann. Aber ein Versprechen habe ich gegeben, nämlich daß ich so lange für die Bewegung für Demokratie arbeiten werde, bis wir unser Ziel erreicht haben. Ich werde dieses Versprechen nicht brechen." Sie betont, daß sie keine persönlichen Ambitionen hege: „Eine Sache, die mich nicht berührt, ist die Frage, ob ich ein Amt antreten kann. Ich lechze nicht nach Amt und Würden. Sie sind nicht das Ziel meiner politischen Arbeit." Und dann versucht sie noch, mit Mißverständnissen aufzuräumen: „Wenn es etwas gibt, was dem SLORC angst macht . . . wenn sie wirklich ernstlich glauben, daß hinter mir ein neo-kolonialistisches Schreckgespenst steht – müssen sie mit mir darüber sprechen. Aber ich glaube nicht, daß sie das wirklich glauben. Purer Unsinn, und ich glaube, das wissen sie auch . . . Meine Loyalität gehört Burma, aber ich erkenne die Wichtigkeit der internationalen Gemeinschaft an. Ich werde mich nicht gegen andere Länder oder die internationale Gemeinschaft auslassen, nur um meinen Patriotismus zu beweisen. Nur weil ich mein Land liebe, muß ich doch nicht andere Menschen hassen." SLORC wollte zu dieser Zeit eine Klausel in die neue Verfassung einbringen, die burmesische Staatsbürger, die mit einem Ausländer verheiratet sind, vom Präsidentenamt ausschließt. Dies war offensichtlich ein Versuch, Aung San Suu Kyi von diesem Amt auszuschließen. Aber sie reagiert sehr ruhig: „Man will nicht annehmen, daß dies aus persönlicher Rachsucht geschah, aber wenn dem nicht so ist, beruht es auf einem Mißverständnis demokratischer Ideen und einer Unterschätzung des burmesischen Volkes. Wenn sie wirklich glauben, daß jemand, der mit einem Ausländer verheiratet ist, Burma unter ein ausländisches Joch zwingen wird, dann verstehen sie erstens nicht, daß Demokratie bedeutet, daß man nur so lange im Amt ist, wie einen die Leute dort wollen; und zweitens müssen sie annehmen, daß das burmesische Volk jemand im Amt belassen würde, dem nicht ihre Interessen am Herzen liegen. Die Leute werden mich nur so lange unterstützen, wie mir ihre Interessen am Herzen liegen. Und wenn sie das Vertrauen in mich verlieren, werden sie mich nicht mehr unterstützen. So einfach ist das ..."

Dieser Besuch der drei Männer bedeutet, daß Burma wieder in den Schlagzeilen der westlichen Medien erscheint. An dieser Aufmerksamkeit ist Aung San Suu Kyi viel gelegen, aber nicht, wie sie immer wieder betont, um ihrer selbst willen, sondern weil sie hofft, daß die Generäle des SLORC dann eher einen Dialog beginnen werden. Ihre Hoffnung erfüllt sich nicht.

Ermächtigung als Grundlage für Frieden und Entwicklung

Die UNESCO schaltet sich ein. 1992 gründet sie ein Weltkomitee für Kultur und Entwicklung und macht Aung San Suu Kyi zu seinem Ehrenmitglied. Das Komitee wendet sich im Juni des Jahres mit der Bitte an die burmesische Militärregierung, Aung San Suu Kyi freizulassen. Es erinnert das Regime daran, daß Burma 1948 die UN-Menschenrechtserklärung unterschrieben habe, aber Aung San Suu Kyi diese fundamentalen Menschenrechte verweigert werden. Aber auch die UNESCO beißt auf Granit, genau wie vor und nach ihr andere Personen und Institutionen. Aung San Suu Kyi bleibt unter Hausarrest. Daraufhin zeichnet die UNESCO sie in ihrer Abwesenheit mit dem Simón-Bolívar-Preis aus.

Zwei Jahre später fordert sie der Vorsitzende des Weltkomitees, der ehemalige UNO-Generalsekretär Javier Pérez de Cuéllar, auf, die Ansprache für das Treffen des Komitees in Manila am 21. November 1994 zu entwerfen. Da sie nicht selber an dem Treffen teilnehmen kann, bittet sie Corazon Aquino, die ehemalige Präsidentin der Philippinen, die Ansprache für sie zu verlesen. Es ist ein Appell für die Ermächtigung aller Menschen, über ihre Zukunft bestimmen zu können, und eine Ablehnung des Arguments, daß diese Ermächtigung dem Fortschritt im Wege stehe. „Häufig geschieht es im Namen der kulturellen Integrität, sozialen Stabilität und nationalen Sicherheit, daß autoritäre Regierungen sich demokratischen Reformen auf der Grundlage von Menschenrechten in den Weg stellen. Sie deuten an, daß die schlimmsten Übel der westlichen Welt das Resultat der Demokratie sind, die der Vorläufer von ungezügelter Freiheit und egoistischem Individualismus ist. Sie behaupten – meist ohne ausreichende Beweise –, daß demokratische Werte und Menschenrechte der nationalen Kultur entgegenlaufen und daß sie deshalb abgewandelt werden müßten, um nützlich zu sein – vielleicht so sehr abgewandelt, daß man sie kaum wiedererkennt. Die Leute, heißt es, seien noch nicht reif für die Demokratie; und deshalb müsse eine nicht näher bestimmte Zeit vergehen, bevor man demokratische Reformen einführen könne." Aung San Suu Kyi widerspricht diesen Behauptungen mit einem klaren Ja zur Demokratie und dazu, daß die fundamentalen Menschenrechte der einigende Faktor in einer multikulturellen Gesellschaft sind.

„Lassen Sie mich abschließend mein Argument zusammenfassen", läßt sie Frau Aquino sagen. „Die wahre Entwicklung der Menschen beinhaltet viel mehr als nur wirtschaftlichen Fortschritt. Im Zentrum dieser Entwicklung muß eine gewisse Ermächtigung und innere Erfüllung liegen. Das allein wird sicherstellen, daß menschlichen und kulturellen Werten Priorität eingeräumt werde in einer Welt, in der politische Führung häufig ein Synonym für Tyrannei und die Herrschaft einer kleinen Elite ist."

Die Teilnahme der Menschen an sozialen und politischen Veränderungen ist das zentrale Thema unserer Zeit, so das Credo der Aung San Suu Kyi. Dies kann nur durch die Gründung von Gesellschaften geschehen, in denen der Wert des

Menschen über die Macht und die Freiheit über Kontrolle gestellt wird. Diese Entwicklung setzt Demokratie voraus. Wenn dieses Ziel erreicht ist, werden sich Kultur und Entwicklung natürlich verbinden und eine Umgebung schaffen, in der alle einen Wert haben und jede Art von menschlichen Möglichkeiten sich entfalten kann. Die Linderung der Armut setzt voraus, daß sich die Art, wie die Armen sich selbst und die Welt sehen, ändert. Materielle Unterstützung allein ist nicht genug; die Armen müssen das Gefühl haben, daß sie ihre Zukunft gestalten können. Die meisten totalitären Regime fürchten sich vor Veränderung, aber je länger sie wirkliche demokratische Reformen verschieben, um so eher werden auch ihre positiven Beiträge ungültig gemacht: Der Erfolg nationaler Politik hängt von der willigen Unterstützung der Menschen ab.

Demokratische Werte und Menschenrechte, so wird häufig behauptet, stehen im Gegensatz zu der ‚nationalen' Kultur, und viel zu häufig werden die normalen Menschen für ‚untauglich' gehalten, die Regierung zu übernehmen. „Nichts könnte verkehrter sein", meint Aung San Suu Kyi und stellt sich damit gegen die Behauptungen Lee Kuan Yews, Mahatir bin Mohammeds und Suhartos, die auf ihrer Version der *Asiatischen Werte* ihre Regierungssysteme aufgebaut haben. „Wir stehen jetzt vor der Herausforderung, daß verschiedene Nationen und Völker dieser Welt sich auf einen Katalog grundsätzlicher menschlicher Werte einigen, der als einigende Kraft in der Entwicklung einer wirklichen Weltgemeinschaft dienen kann. Wirkliche wirtschaftliche Umwälzung kann dann stattfinden, und zwar in einem Umfeld des internationalen Friedens und innenpolitischer Stabilität. Ein rascher demokratischer Übergang und die Stärkung der Institutionen einer bürgerlichen Gesellschaft sind Voraussetzung *sine qua non* für diese Entwicklung. Nur dann werden wir in Zukunft die Menschen für das schätzen, was sie sind, und nicht für das, was sie produzieren. Wenn die Vereinten Nationen und ihre Organisationen dieser Entwicklung helfen wollen, müssen sie die Bewegungen unterstützen, die die Menschen ermächtigen wollen, Bewegungen, die auf Demokratie beruhen und die eines Tages eine Kultur des Friedens und der Entwicklung sichern werden." Aung San Suu Kyi hat somit das Zerbersten der Blase des asiatischen Wirtschaftswunders bereits vorausgeahnt. Dieses „Wirtschaftswunder" basierte darauf, daß wirtschaftliche Entwicklung vor die einer bürgerlichen Gesellschaft und ihrer wirklich demokratischen Institutionen gestellt wurde.

Rangun, den 10. Juli 1995

Das Ende von Aung San Suu Kyis Hausarrest kam ganz unerwartet: „Da gab es einen Sicherheitsbeamten des SLORC – einen Mann, der jahrelang das Tor zu Suus Anwesen bewacht hatte. Dieser Mann kam nun am Nachmittag zu meinem Haus", erinnert sich U Kyi Maung. „Ich las in einem zerfledderten alten Buch über den Zusammenbruch eines faschistischen Regimes oder so, als meine Frau leise hereinkam und sagte: ‚Draußen an der Tür steht ein Mann vom Geheimdienst.' Wir blickten uns etwas betreten an. Ich legte mein Buch auf den Tisch, ging zum Tor und fragte den Besucher einfach: ‚Was gibt es?' Ohne das Gesicht zu verziehen, antwortete er: ‚Daw Aung San Suu Kyi bittet Sie um Ihren Besuch.' Mein erster Gedanke war natürlich, daß ihr etwas zugestoßen war. ‚Ist sie schwer erkrankt?' fragte ich. ‚Nein, sie ist nicht krank.' Mehr sagte er nicht. Der Gedanke, daß man den Hausarrest aufgehoben haben könnte, kam mir noch immer nicht. Also fügte ich mich dieser freundlichen Einladung: ‚Sind Sie hier, um mich mitzunehmen?' – ‚Nein', antwortete er, ‚kommen Sie mit Ihrem eigenen Wagen.' Da erst wußte ich, daß es keine erneute Verhaftung war. Dann sagte er noch: ‚Daw Aung San Suu Kyi möchte gern, daß Ihre Frau mitkommt.'"

Der alte General konnte es immer noch nicht glauben. Sechs Jahre nach der Verhaftung von Aung San Suu Kyi, sechs Jahre, nachdem der NLD-Exekutivausschuß sich von ihr verabschiedet hatte, nach sechs Jahren Hausarrest sollte er diejenige wiedersehen, die er und seine Frau wie eine Tochter liebten. Als die beiden vor Suus Haus vorfahren, steht sie bereits wartend im Eingang und ruft ihm entgegen: „Onkel, was hast du so lange gebraucht, sechs Jahre für die kurze Strecke!" Erst dann wird U Kyi Maung klar, daß SLORC den Hausarrest aufgehoben hat: „Suu war unversehrt, unverändert, ihr Geist so frei wie ein Vogel. Ich hatte nie daran gezweifelt, und unser Wiedersehen nach sechs Jahren bestätigte nur meine Erwartung. Wir lachten und machten Witze über die Absurdität der ganzen Geschichte. Ich weiß von meiner eigenen Inhaftierung, daß das Gefängnis meinen Geist nicht geschwächt, sondern im Gegenteil meine Entschlossenheit gestärkt hat. So war es auch bei Suu. Ihre Überzeugungen waren schon immer stark gewesen, doch so wie an diesem Tag hatte ich sie noch nie erlebt. Es war Suu mit einem freien Herzen, eisernen Willen und einem blitzenden Verstand."

Im Lauf des Tages finden sich in Suus Haus noch weitere Parteifreunde ein: U Tin U, der zur selben Zeit inhaftiert worden war wie Suu, und der gegenwärtige Vorsitzende der NLD, U Aung Shwe. Vor dem Tor des Anwesens versammelt sich die Weltpresse. Jeder will als erster die ersten Worte der aus dem Hausarrest entlassenen Friedensnobelpreisträgerin an seine Redaktion funken. Doch der 10. Juli ist ganz den Parteifreunden gewidmet. Suu will so viel erfahren. Es gilt Wissenslücken zu schließen. Noch immer schmachten viele NLD-Anhänger in den Gefängnissen. Und auch die Aufhebung des Hausarrests heißt noch nicht, daß Suu nun frei ist.

Am nächsten Tag tritt sie ans Tor und verliest eine Erklärung. Colonel Kyaw Win habe eine Nachricht von Alt-General Than Shwe überbracht, die drei Punkte beinhaltet habe: Sie seien gerne bereit, zu meinem persönlichen Wohlbefinden beizutragen; wenn sie es wünsche, würden sich offizielle Stellen weiterhin um ihre Sicherheit kümmern; und er wünsche sich, daß sie – Aung San Suu Kyi – helfen solle, Frieden und Stabilität im Land herzustellen. „Lassen Sie mich erst einmal sagen, daß ich sowohl den Inhalt wie den Ton der Nachricht sehr zu schätzen weiß. Ich war immer der Meinung, daß die zukünftige Stabilität und Zufriedenheit unserer Nation völlig von der Bereitwilligkeit aller Parteien abhängt, miteinander eine Versöhnung herbeizuführen. Während der Jahre, die ich unter Hausarrest verbracht habe, haben sich in vielen Teilen der Welt geradezu unglaubliche Veränderungen vollzogen, und all diese Veränderungen zum Guten sind durch Dialog zustande gekommen. Also ist Dialog unzweifelhaft der Schlüssel zu einer glücklichen Lösung lang schwelender Probleme."

Aung San Suu Kyi beweist, daß sie sich während ihrer Haft auf dem laufenden gehalten hat. Sie führt Beispiele an, wo ehemals erbitterte Feinde jetzt zusammenarbeiten, wie zum Beispiel in Südafrika. „Warum können wir nicht einen vergleichbaren Prozeß anstreben? Wir müssen zwischen Dialog und völliger Zerstörung wählen. Ich denke, daß wenigstens der menschliche Überlebenstrieb, wenn nichts anderes, uns schließlich dem Dialog den Vorzug geben lassen wird."

Sie nennt Gesprächsthemen, ohne aber ins Detail zu gehen. Dazu ist sie noch nicht fähig, hat sie doch eben erst wieder Kontakt mit ihren Parteifreunden aufnehmen können. Und sie ist, das betont sie immer wieder, nicht das einzige Mitglied des NLD-Exekutivausschusses. Dort wird demokratisch abgestimmt und die Parteilinie festgelegt. Jede Stimme, auch die der Aung San Suu Kyi, gilt in einer Demokratie genau gleich viel. Auch in der NLD gibt es unterschiedliche Meinungen: „Extreme Gesichtspunkte lassen sich nicht nur auf einer Seite finden, und deshalb sind die Anführer dafür verantwortlich, solche Elemente unter Kontrolle zu halten, die den Geist der Versöhnung gefährden. Wir, die demokratischen Kräfte in Burma, und die Staatsmacht haben mehr gemeinsam, als Schwarze und Weiße in Südafrika. Die Mehrheit der Menschen Burmas sind Anhänger von Marktwirtschaft und Demokratie, das haben die Wahlergebnisse im Jahr 1990 deutlich bewiesen."

Aung San Suu Kyi wendet sich an die versammelte Weltpresse und sagt: „Diejenigen von Ihnen, die burmesische Zeitungen lesen, werden wissen, daß das Hauptziel des SLORC die Rückgabe der Macht an das Volk ist. Dieses ist auch unser Ziel."

„Ich möchte gerne diese Gelegenheit nutzen, um die Behörden dringlich aufzufordern, diejenigen von uns freizulassen, die immer noch im Gefängnis sind. Ich bin glücklich, sagen zu können, daß trotz all dem, was wir erlitten haben, die Kräfte der Demokratie stark und engagiert bleiben. Ich für meine Person hege keinen Groll gegen irgend jemand für das, was während der vergangenen sechs Jahre passiert ist. Diese Erklärung kann nur auf eine Weise enden, und zwar mit meinem Ausdruck tiefer Dankbarkeit an all die Menschen in der ganzen Welt, aber besonders an meine Landsleute, für all das, was sie getan haben, um meine Entschlossenheit zu stärken und meine Freilassung herbeizuführen."

10. Juli 1995

Nach dem Hausarrest

„So viele Journalisten haben mich gefragt: ‚Wie haben Sie sich gefühlt, als Sie entlassen wurden?', und ich gab ihnen zur Antwort: ‚Ich habe überhaupt nichts gefühlt'", sagt Aung San Suu Kyi und lacht ihren Gesprächspartner Alan Clements an. „Ich hatte eine vage Vorstellung davon, daß ich etwas empfinden müßte, doch meine eigentliche Sorge galt der Frage, was wir zu jenem Zeitpunkt tun sollten. Dann fragte mich ein Journalist, ob ich mich stolz oder glücklich fühlte. Ich sagte: ‚Nein . . . nichts dergleichen. Ich habe immer gewußt, daß ich eines Tages wieder frei sein würde.'"

In ihren Worten spiegelt sich ihre Überzeugung wider, daß ihr Hausarrest „kein Drama" war und daß sie deshalb keine besondere Bewunderung verdient: „Ich bin sicher, daß es wesentlich dramatischer ist, wenn Menschen plötzlich aus ihrer Umgebung herausgerissen und in eine Gefängniszelle gesperrt werden. Ich dagegen blieb einfach weiter in dem Haus wohnen, in dem ich bereits vor dem Hausarrest gelebt hatte." Wie gewohnt steht sie jeden Tag um halb fünf Uhr auf und meditiert für eine Stunde: „Dann hörte ich etwa anderthalb Stunden lang Radio."

Sie ist fasziniert von den Veränderungen, die sich während ihrer Gefangenschaft abspielen: in Südafrika, in Osteuropa. Diese Veränderungen liefern ihr neue Vorbilder, wie zum Beispiel Nelson Mandela und besonders Václav Havel: „Nun, ich habe natürlich seine Schriften gelesen. Er oder, genauer gesagt, das, was er über die Verhältnisse in der ehemaligen Tschechoslowakei geschrieben hat, hat mich tatsächlich indirekt beeinflußt. Und dann natürlich solche Gedanken wie jener von der ‚Macht der Machtlosen' und ähnliches. Doch was mich an der Entwicklung in der Tschechoslowakei am meisten beeindruckt hat, war die intellektuelle Redlichkeit, die einige ihrer besten Bürger unter Beweis gestellt haben. Sie wollten lieber Klempner, Straßenbauarbeiter, Straßenfeger und Maurer sein, als ihre intellektuelle Integrität preiszugeben und einen Universitäts- oder Regierungsposten anzunehmen. Sie verschafften der These von der Überlegenheit des Geistes über den Körper wirklich Geltung und stellten die intellektuelle Redlichkeit weit über die materielle Bequemlichkeit. Das hat mich beflügelt, und ich glaube, es ist ein schönes Beispiel dafür, was man erreichen kann, wenn man sich darum bemüht, die eigene spirituelle und intellektuelle Integrität zu wahren."

Ihre erste offizielle Tat nach der Entlassung aus dem Hausarrest ist ihre Teilnahme an den Feierlichkeiten anläßlich des Todestages ihres Vaters. Sie trägt einen schwarzen *Longyi,* eine schlichte weiße, kragenlose Bluse und um ihre Schultern ein schwarzes Tuch. Lt. Col. Than Tun, der Offizier des Militärgeheimdienstes, der während ihrer Haft als Verbindung zwischen Suu und dem SLORC fungiert hatte, begleitet sie zum Mausoleum. Er hält sich auf Distanz. Und so ist Aung San Suu Kyi allein, als sie den Korb voller Orchideen abstellt. Allein, abgesehen von den Soldaten, die das Gelände abgeriegelt haben, und den Hunderten von Journalisten. Allein, weil dem Volk, ihren Anhängern und den Verehrern ihres Vaters nicht erlaubt worden ist, dem ermordeten Nationalhelden an seinem Todestag die Ehre zu erweisen und dabei seine Tochter zu begrüßen. Auch die Generäle sind der Ehrung des Gründers der burmesischen Armee ferngeblieben. Sie wollen Aung Sans Tochter nicht treffen. Der einzige Vertreter des SLORC, der Kulturminister General Thaung Myint, hat einen übergroßen Kranz niederlegen lassen und ist dann verschwunden, bevor Aung San Suu Kyi eintrifft. Er will ihr nicht begegnen, nicht mit ihr sprechen. Wenigstens nicht direkt. Nicht von Angesicht zu Angesicht. Was hätte er sagen sollen? Eine Entschuldigung oder Erklärung für die vergangenen sechs Jahre? Wäre das nicht als der Anfang eines Dialogs gewertet worden, zu dem Aung San Suu Kyi aufruft? Statt dessen bringt das Fernsehen kommentarlos Bilder der fünfzigjährigen, sehr schmal und zerbrechlich aussehenden Frau in Schwarz. Das Regime läßt so die Bevölkerung wissen, daß Suus Hausarrest zu Ende ist. Mehr auch nicht.

Briefe aus Burma

52 kurze Essays bilden die Chronik des ersten Jahres nach Aung San Suu Kyis Entlassung aus dem Hausarrest. Die *Briefe aus Burma,* die sie zunächst für die japanische Zeitung *Mainichi Shinbun* schreibt, sind mehr als nur ein Tagebuch. Sie sind kurze Einsichten in ihre Arbeit, ihr Leben und das ihrer Weggenossen. Briefe spielen in jenem Jahr in Burma überhaupt eine große Rolle: Aung San Suu Kyi versucht bei ihren Ansprachen, die sie jedes Wochenende über das Tor ihres Anwesens hinweg hält, Fragen aus Briefen ihrer Anhänger zu beantworten, die sich dort trotz aller Drohungen und Repressalien des SLORC immer wieder zu Tausenden versammeln. Und so sind die *Briefe aus Burma*, die sie seit November 1995 wöchentlich ein Jahr lang in der *Mainichi Shinbun* veröffentlicht, nur eine Weiterführung dieser Korrespondenz: „Da ich so tief in die Demokratiebewegung Burmas eingetaucht bin, hatte ich immer vor, mich auf die politischen Aspekte des Lebens im Land zu konzentrieren", schreibt sie am Ende der Serie. „Aber bei der Politik geht es um Menschen, und ich habe versucht, das menschliche Gesicht des politischen Kampfes herauszustellen. Ich habe über den Effekt offizieller Vorschriften auf normale Menschen geschrieben, wenn sie ihre Übernachtungsgäste bei den zuständigen Behörden melden müssen. Ich habe am Beispiel eines alltäglichen Frühstücks erläutert, was Inflation bedeutet. Ich habe über Freunde und Kollegen geschrieben, über die Aktivitäten meiner Partei, der Nationalen Liga für Demokratie, und über die Prozesse (das Wort ist hier auch im Sinne von ‚Drangsal' zu verstehen) poli-

tischer Gefangener. Ich habe traditionelle Feiertage und buddhistische Zeremonien beschrieben, die einen wesentlichen Teil des Lebens in Burma ausmachen. Mit anderen Worten, ich habe versucht, Politik als vielschichtig und untrennbar mit sozialen und wirtschaftlichen Angelegenheiten verbunden darzustellen."

Einige ihrer Einsichten sollen auch hier wiedergegeben werden. So zum Beispiel ihre Reise in den Karen-Staat 1995, die sie unternahm, um einen heiligen Lehrer, den *Hsayadaw* U Vinaya zu besuchen. Für Aung San Suu Kyi ist dies eine bedeutende Fahrt, nicht nur im spirituellen Sinn, sondern auch, weil es eine der wenigen Reisen außerhalb Ranguns ist, die sie ungehindert vom Militärregime unternehmen wird. Auf dem Weg zum Kloster auf dem Thamanya-Berg durchquerte sie das Mon-Gebiet: „Wir kamen durch die kleinen Orte Kyaik-hto und Kyaik-kaw und sahen Schilder für die Nationale Liga für Demokratie (NLD), die tapfer vor sehr bescheidenen kleinen Büros hingen. Diese Schilder, leuchtend rot und weiß angemalt, sind Symbole für den Mut der Menschen, die sich auch weiterhin ihren Überzeugungen widmen trotz schwerster Repressalien und deren Engagement für die Demokratie von den Widrigkeiten, die sie erlebt haben, nicht erschüttert worden ist. Der Gedanke, daß solche Leute in ganz Burma zu finden sind, ließ mich frohgemut sein."

Daß Aung San Suu Kyis Ideen die Nation über die Grenzen der ethnischen Minderheiten hinweg verbindet, wird auch am Nationalfeiertag deutlich, der 1995 auf den 16. November fällt (der Zeitpunkt wird nach dem burmesischen Kalender berechnet: National Day wird am 10. Tag des abnehmenden Monds im Monat *Tazaungdine* gefeiert). Die NLD hat zu bescheidenen Feierlichkeiten in ihr Hauptquartier, Aung San Suu Kyis Haus an der University Avenue, nach Rangun eingeladen. Der nicht gerade jahreszeitlich gemäße Regen, der in den Tagen zuvor über der Hauptstadt niedergegangen war, hatte aufgehört, und so scheint am Feiertag die Sonne. Und Aung San Suu Kyi freut sich über den Anblick von so viel *pinni.* Zahlreiche Gäste waren in den handgewebten Baumwollstoff gekleidet gekommen, der in der Sonne in den verschiedenen Schattierungen von Beige über Orange bis zu Braun leuchtet. *Pinni* hatte während des Unabhängigkeitskampfes dieselbe Bedeutung angenommen wie in Indien das *khaddi*, das handgewobene Tuch, das Gandhi als Symbol des Patriotismus propagierte, als Zeichen, daß man einheimische Produkte britischen vorzog: „Seit 1988", schreibt Aung San Suu Kyi über *pinni*, „ist es auch zu einem Symbol der Demokratiebewegung geworden. Eine *pinni*-Jacke, über einem weißen, kragenlosen Hemd und einem Kachin-Sarong (mit lila-schwarz-grünem Karo) ist die inoffizielle Uniform des ‚Demokratie-Mannes'. Und das Kleid der ‚Demokratie-Frau' ist der *pinni-aingyi* (burmesische Bluse) mit einem traditionellen handgewebten Sarong. Während meiner Wahlkampagnentour durch den Kachin-Staat im Jahr 1989 fuhr ich durch ein Gebiet, das als gefährlich galt, weil dort Aufständische aktiv waren. Aber kilometerweit säumten Männer in *pinni*-Jacken, mit roten NLD-Abzeichen mutig daraufgesteckt, die Straßen, wie eine Ehrengarde, völlig unbewaffnet. Es war ein stolzer und erfreulicher Anblick."

Während die *National League for Democracy* und die Person Aung San Suu Kyi die Rebellen zu solchen Demonstrationen ihres friedlichen Patriotismus bewegen können, versucht das Militärregime zu diesem Zeitpunkt, separate Waffenstillstände mit den bewaffneten Aufständischen zu schließen, die sich in die bergigen Dschungelgebiete zurückgezogen und dort mit Minderheitengruppen verbündet haben, die seit den fünfziger Jahren um ihre Eigenständigkeit kämpfen. Sie fürchten die Vereinigung dieser Rebellengruppen mit der Demokratiebewegung. Nur einer hatte bis dato eine solche Vereinigung zuwege gebracht: „Am 12. Februar 1947 unterzeichneten die Anführer der Chin, Kachin und der Shan zusammen mit meinem Vater, als Vertreter der burmesischen Regierung, einen Vertrag", beschreibt Aung San Suu Kyi die von ihrem Vater herbeigeführte Einigung zwischen den Völkern Burmas, gemeinsam die Unabhängigkeit anzustreben. In unserem Gespräch fügt sie hinzu: „Mein Vater hat dies alles geschafft, weil er die Anführer überreden konnte, ihm zu vertrauen. Sie vertrauten ihm, weil er ehrlich war und weil er keine Versprechen machte, die er nicht halten konnte. Und weil er ohne Vorurteile war, und das kann ich aus voller Überzeugung sagen, weil auch wir ohne jegliche Vorurteile gegenüber den ethnischen Nationalitäten erzogen worden sind. Und das ist, glaube ich, das Vermächtnis meines Vaters."

Seit der historischen Einigung, die Aung San herbeiführte, wird der 12. Februar als Tag der burmesischen Einheit gefeiert. Aber seit 1947 gab es nicht viel zu feiern: Die Einheit überlebte Aung San nur kurz. Separatistische Minderheiten wurden mit militärischer Macht unterdrückt. Es schien, als ob nur Aung San die Völker einen konnte. Bis zu dem Zeitpunkt, da seine Tochter auf die politische Bühne tritt. Sie kann Vertreter der ethnischen Minderheiten viel mehr begeistern, als lukrative Waffenstillstandsangebote des Militärs ihre Anführer locken konnten. Am 12. Februar 1996 will die NLD den Tag der Einheit mit einer Verlautbarung ihrer Programmpunkte zum Status der ethnischen Minderheit in Burma und mit einem Fest traditioneller Tänze feiern. Über 5000 Menschen kommen in die University Avenue. Das Grundstück platzt aus allen Nähten: „Noch viele mehr wollten teilnehmen, trotz der unangenehmen Konsequenzen, die die Behörden in einigen Städten denen angedroht hatten, die zu der NLD-Feier des Tages der Einheit kommen wollten. Karen-Dörflern aus dem Örtchen Hmawbi wurde gesagt, sie sollten nicht bei unserer Feier tanzen, und es werde ihnen unmöglich gemacht, ein Auto am Morgen des 12. Februar zu mieten. Aber sie schafften es, mit öffentlichen Verkehrsmitteln zu uns zu gelangen." Die Tänze an jenem Tag zeigen, wie reich Burma an verschiedenen Kulturen ist. Aung San Suu Kyi ist überzeugt, daß „Einheit in Verschiedenheit das Prinzip derjenigen sein muß, die wirklich unser Land zu einer starken Nation machen wollen, die der Vielfalt von Rassen, Sprachen, Glauben und Kulturen erlaubt, in friedlicher und glücklicher Koexistenz zu gedeihen. Nur eine Regierung, die unterschiedliche Meinungen und Haltungen tolerieren kann, ist in der Lage, ein Umfeld zu schaffen, in dem Völker verschiedener Traditionen und Hoffnungen in einer

Atmosphäre gegenseitigen Verständnisses und Vertrauens frei leben können." Hier kehren wir wieder zu dem Thema zurück, das Aung San Suu Kyi so am Herzen liegt: die ethnischen Minderheiten und die Einheit Burmas. Das hat sie immer wieder betont; darüber hat sie geschrieben und gesprochen.

Aber je mehr Menschen sich ihrer Bewegung für Demokratie und nationale Versöhnung anschließen, desto heftiger werden die Schikanen bei den NLD-Veranstaltungen auf dem Grundstück an der University Avenue. Auch legitime Feiern anläßlich der offiziellen Festtage sind kein Schutz mehr vor Übergriffen der Staatsmacht. Und politische Kritik kann nicht mehr in traditionelle Darbietungen gekleidet werden. So zum Beispiel am Unabhängigkeitstag, als eine Theatertruppe aus Mandalay eine *a-nyeint* aufführt, eine einzigartige burmesische Form der Unterhaltung, die aus einem Medley aus Orchester-Musik, Gesang, Tanz und witzigen satirischen Sketchen besteht. „Die Unabhängigkeitsfeierlichkeiten der NLD begannen am späten Morgen im Garten meines Hauses und sollten etwa drei Stunden dauern. Doch das Programm war erst nach sechs Stunden beendet, weil die fast 2000 Zuschauer den letzten Programmpunkt, das *a-nyeint*, so lang als möglich auskosten wollten", erinnert sich Aung San Suu Kyi. „Es begann auf traditionelle Weise mit zwei Komikern, die die Vorführung einführten. Aber sobald der ältere der beiden, U Pa Pa Lay, anfing zu reden, wurde klar, daß dies, zur Überraschung und hellen Freude der Zuschauer, eine Vorführung werden würde, die man seit Jahrzehnten in Burma nicht mehr gesehen hatte. Die Komiker hatten sich fest vorgenommen, ihr traditionelles Recht voll und ganz auszuschöpfen, ihre komischen und kritischen Fähigkeiten zu nutzen, um aktuelle Dinge, besonders politischer Natur, zu kommentieren." Es war eine hervorragend gespielte, witzige und intelligente politische Satire. Aber sie führte dazu, daß auf dem Rückweg nach Mandalay die ganze Truppe verhaftet und die beiden Hauptdarsteller zu sieben Jahren Zwangsarbeit verurteilt wurden. „Freiheit ist niemals billig", seufzt Aung San Suu Kyi, „und in Burma ist ihr Preis besonders hoch."

Erstaunlicherweise lassen die Behörden die Wochenendansprachen am Tor des University-Avenue-Anwesens weiter zu. Vielleicht hoffen sie, die Zahl der Zuhörer werde mit der Zeit abnehmen. Der militärische Geheimdienst ist immer zur Stelle und photographiert die Anwesenden. Doch diese lassen sich hierdurch nicht abschrecken, nehmen auch Unbequemlichkeiten in Kauf, über die sich der stellvertretende NLD-Vorsitzende U Kyi Maung Sorgen macht: „Gegenwärtig sind sie genötigt, auf Zeitungen und Plastiktüten oder unmittelbar auf dem schmutzigen Asphalt zu sitzen. Sie sind der Sonne ausgesetzt, es gibt keinen Schatten. Wir wissen um das Risiko, das sie auf sich nehmen, und wir sind besorgt deswegen. Jeden Augenblick können Soldaten auftauchen, das Gelände abriegeln und rufen: ‚Alles auf den Plätzen bleiben!' Doch die Menschen folgen ihrem Gewissen. Sie haben sich der Freiheit verschrieben. Das ist etwas Besonderes, wirklich etwas Besonderes. Sie können es auch als gelebte Würde bezeichnen. Es ist der Mut, in Freiheit zu leben, ohne darauf zu warten, daß sie gewährt wird." Sie kommen jedes Wochenende, in der brütenden Hitze oder bei strömendem Regen, und hören Aung San Suu Kyi zu, wie sie ihre Briefe beantwortet. Unendlich diszipliniert und in keinster Weise aufgebracht. Und in immer größeren Zahlen. Sie spricht zu ihnen, sie spielt gekonnt mit Worten, was die Burmesen besonders schätzen. Ihre Intelligenz und Bildung strahlen genauso wie ihr Charme und ihr Witz.

Ein Jahr „Freiheit"

Knapp ein Jahr, nachdem SLORC den über Suu verhängten Hausarrest aufgehoben hatte, fragt sie der amerikanische Autor und ehemalige buddhistische Mönch Alan Clements, wie sie den Stand ihrer Bemühungen beurteile. Begeistert und enthusiastisch antwortet Aung San Suu Kyi: „Die Mitglieder unserer Partei werden wesentlich aktiver und nehmen die Arbeit wieder auf." Für sie ist es ganz wichtig zu zeigen, daß nicht sie es ist, die diese Bewegung vorwärtstreibt, sondern die Menschen selbst sich ihre Demokratie erstreiten. „Wir leisten praktische Unterstützung. Wir gehen nicht einfach zu den Menschen und sagen ihnen: ‚Na los, tut etwas für euch!' Wir tun selbst etwas. Sie sehen, daß wir unsere eigenen Leute schützen – wir beauftragen unsere Anwälte, sie vor Gericht zu verteidigen. Wir haben diesen Rechtshilfeausschuß gegründet ... Wir sind zur Zeit dabei, unsere Projekte zur Unterstützung der Angehörigen von politischen Gefangenen zu erweitern. Wir geben ihnen nicht nur Geld, wir wollen Hilfe zur Selbsthilfe leisten."

Aber es geht auch um ganz konkrete politische Punkte: „Unser Beschluß, zum sechsten Jahrestag der Wahlen von 1990 eine Konferenz mit unseren gewählten Abgeordneten zu veranstalten, war ein äußeres Zeichen für den Fortschritt, den wir bei der Neuorganisation und Neuformierung der NLD erreicht haben. Wie sich inzwischen herumgesprochen hat, fand der Beschluß ein breites Echo, das beweist, einen wie starken Rückhalt die NLD in der Öffentlichkeit mittlerweile hat." Die Ergebnisse der Wahlen von 1990 haben Aung San Suu Kyis Meinung nach unmißverständlich zu erkennen gegeben, daß das Volk von Burma eine demokratische Regierung will. Trotz ihrer Versprechungen vor den Wahlen weigert sich der SLORC weiterhin, diese Ergebnisse zu akzeptieren. „Wir sind allerdings der festen Überzeugung", betont Aung San Suu Kyi, „daß gewählte Volksvertreter eine Verantwortung gegenüber den Menschen haben, von denen sie gewählt wurden. Deshalb beschlossen wir, eine Konferenz einzuberufen, um über künftige politische Schritte zu diskutieren und festzustellen, was wir tun können, um den Menschen im Land zu helfen. Natürlich kamen nur die Abgeordneten hierher, die nicht im Gefängnis saßen, sich nicht im Exil aufhielten oder getötet worden waren." Auf die Frage, welche Entscheidungen auf der Konferenz getroffen worden seien, antwortet Aung San Suu Kyi: „Zum einen wurde beschlossen, den Kampf für die Demokratie zu verstärken und für Burma ein ziviles Parlament zu fordern, wie es 1990 gewählt worden war, zum anderen beauftragte die Konferenz den Exekutivausschuß der NLD, einen Entwurf zu einer neuen Verfassung auszuarbeiten." Nach der Reaktion des SLORC befragt, erzählt sie, die Generäle seien „in Panik geraten und dachten, wir würden ein Parlament einberufen und Unruhe stiften. Eigentlich ist es ganz interessant, weil sie ja ständig behaupten, die Mitglieder der NLD wären nicht ernst zu nehmen, aber jetzt hat sie die Tatsache, daß diese Leute zusammenkommen und eine Versammlung abhalten, offenbar extrem nervös gemacht."

So nervös, daß 262 NLD-Anhänger verhaftet werden. Schließlich nehmen 300 Delegierte an dem Kongreß von 1996 teil, auch wenn darunter nur 18 der 392 im Jahre 1990 gewählten NLD-Volksvertreter kommen konnten. Den Rest hatte SLORC verhaften lassen oder ins Exil gejagt. Zwei enge Mitarbeiter von Aung San Suu Kyi, U Win Htein und U Aye Win, fallen in die Hände des Militärischen Geheimdienstes; ihnen „wird jede Möglichkeit verwehrt, sich zu verteidigen", beschwert sich Aung San Suu Kyi. „SLORC fühlt sich nicht an die bestehenden Gesetze gebunden und verstößt in seinem Handeln ständig dagegen. Aktionen gegen uns aber rechtfertigen sie immer damit, sie würden keine Verstöße gegen die geltenden Gesetze dulden. Aber in Wahrheit sind sie diejenigen, die ständig das Gesetz verletzen." Am Ende drängen sich trotz aller Repressalien im Vorfeld über 8000 Menschen vor dem Anwesen auf der University Avenue und in Aung San Suu Kyis Garten.

Aung San Suu Kyis *Briefe aus Burma* werden über das Jahr hinweg immer politischer. Anfangs berichtet sie noch über Festtage, Anlässe, die die NLD zu politischen Versammlungen nutzt. So zum Beispiel das traditionelle Wasserfest anläßlich des burmesischen Neujahrstags, eine wilde Gaudi, bei der die Mädchen und Frauen aus langen ausgehöhlten Baumstämmen oder Booten Wasser schöpfen und die stoisch dahinter stehenden Männer so lange bespritzen, bis diese aufgeben und ihre Kappen vors Gesicht halten, um nicht länger begossen zu werden. Anschließend an dieses Fest im Jahr 1996 werden einige junge Männer, die dabei Kappen der NLD tragen, von den Behörden drangsaliert. Ein Junge wird zusammengeschlagen und dann verhaftet, während sein Angreifer frei ausgeht. Damals, im April, kann Aung San Suu Kyi die Repressalien noch mit einem Lächeln abtun: „Trotz oder vielleicht wegen der Repressalien und Ungerechtigkeiten, denen sie unterworfen sind, haben die Burmesen eine erstaunliche Begabung, das Maximum an Spaß aus den Gelegenheiten herauszuholen, die sich während unserer traditionellen Festtage ergeben."

Aber je größer die Anzahl der Teilnehmer an diesen Veranstaltungen wird, desto unruhiger werden die Behörden, und desto mehr versuchen sie, diese zu stören und schließlich zu unterbinden. Am Schluß wird die Straße gesperrt, und Aung San Suu Kyi befindet sich wieder unter Hausarrest, auch wenn der Zustand nicht als solcher bezeichnet wird. Das Regime will sie mit aller Kraft von ihren Anhängern fernhalten.

Wieder ziehen sich Gewitterwolken am Himmel zusammen. Und Aung San Suu Kyi spürt es. Die Staatsgewalt hatte die Wochenendveranstaltungen zugelassen, weil sie hoffte, daß die Leute bald das Interesse verlieren und die Massen wegbleiben würden. „Tatsächlich passierte aber etwas anderes", meint Aung San Suu Kyi. „Nachdem wir im November (1995) aus dem Nationalkonvent ausgezogen waren, nahmen die Besucherzahlen zu. Und nach unserem eigenen Nationalkonvent in der letzten Woche und nach den Verhaftungen wuchs die Menge trotz der Gefahren noch mehr an, und man sah viele neue Gesichter. Damit haben sie ihre Zustimmung dafür bekundet, daß wir unsere Arbeit trotz der Repressalien und der Einschüchterung, denen wir ausgesetzt sind, fortführen. Es ist eine Demonstration öffentlicher Unterstützung. Die Behörden haben erst jetzt zu verstehen gegeben, daß sie etwas gegen die Fortsetzung dieser Ansprachen haben, und möglicherweise wird es morgen auch Probleme geben, aber nach unserer Auffassung haben sie kein Recht, sie zu verbieten", sagt Aung San Suu Kyi und fügt fast sarkastisch hinzu, „schon gar nicht, wenn sie selbst etwas veranstalten, das sie als ‚spontane Kundgebungen der Bevölkerung zur Unterstützung des SLORC' bezeichnen und was in aller Öffentlichkeit stattfinden darf." Sie ist kämpferisch, selbstsicher – man kann verstehen, warum ihr die Menschen zulaufen und warum die Staatsgewalt sie zu fürchten beginnt: „Die Tatsache, daß zu unseren Ansprachen noch mehr Menschen gekommen sind, nachdem wir aus dem Nationalkonvent ausgetreten waren, zeigt zweierlei: Zum einen wird deutlich, daß die Bevölkerung allgemein nichts vom Nationalkonvent hält und die Position der NLD akzeptiert, sich an diesem Konvent erst dann wieder beteiligen zu wollen, wenn sinnvolle Gespräche aufgenommen werden. Zum zweiten erweist sich, daß die Menschen sich in schwierigen Zeiten um uns scharen. Sie nahmen an, daß wir nach Austritt aus dem Nationalkonvent in Schwierigkeiten kommen würden, und sie wollten uns zeigen, daß sie hinter uns stehen. Dasselbe geschah, als wir den Parteitag einberiefen, aus dem dann eher eine Konferenz wurde: Bis auf 18 hatte man alle gewählten NLD-Abgeordneten verhaftet."

Aber SLORC verbietet die Wochenendansprachen nicht, sondern sperrt den Veranstaltungsort, die University Avenue. So zum Beispiel am 27. September 1996. Der Polizei-Oberst Aung Aung, der am Checkpoint Wache hält, erklärt Reportern, daß Aung San Suu Kyi „kommen und gehen dürfe, wie sie wolle; wir sollen nur die Leute davon abhalten, zu ihrem Haus zu gehen". 109 Aktivisten werden verhaftet. SLORC läßt verbreiten, die NLD habe keine Genehmigung für das Parteitreffen eingeholt: „Der Grund, warum man verhindert hat, daß das Treffen stattfindet, ist, daß über 200 Vertreter eingeladen waren und daß ein so großer Kongreß vorher genehmigt werden muß, und das haben sie nicht getan." Aber er läßt auch verkünden, daß man, sobald alles wieder „normal und ruhig" sei, die Inhaftierten entlassen und die Sperre aufheben werde.

Die NLD hatte in der Tat beschlossen, einen *All Burma Party Congress* am achten Jahrestag ihrer Gründung, also am 27. September 1996, abzuhalten. „Man sollte eigentlich annehmen, daß eine solche Veranstaltung, die Teil der normalen Routine jeder Partei ist, die Behörden zu nichts anderem veranlassen würde, als die Stirn zu runzeln und den militärischen Geheimdienst zu beauftragen, möglichst viel Information zu sammeln. Man kann sich nicht vorstellen, daß sie das in ihren

Kommißstiefeln erschüttern würde. Aber nein, man liegt offensichtlich völlig falsch mit dieser Annahme", mokiert Suu sich. „Genau wie zum Zeitpunkt unserer Konferenz für die gewählten NLD-Abgeordneten im Mai erhielten wir am Abend des 26. September die Information, daß die Staatsgewalt diejenigen abhole, die an dem Parteitag teilnehmen wollten. Um halb zehn begannen Militärlastwagen vor meinem Haus vorbeizufahren, und Polizeiwagen rasten mit lauten Sirenen durch die schon leere Straße. Es war alles ziemlich öde, und so gingen wir schlafen. Als ich um fünf Uhr aufwachte, verriet mir die ungewöhnliche Stille, daß unsere Straße abgesperrt worden war. Es überraschte mich nicht gerade."

Die Helfer, die um vier Uhr mit dem Kochen beginnen sollten, um den Mönchen im Vorfeld des Parteitages ein Mahl zu bereiten und somit dem Tag Segen zu spenden, waren daran gehindert worden, zum Haus zu gelangen. Nach vielem Hin und Her durften zwei Frauen durch die Sperre durch, um sich der riesigen Currytöpfe anzunehmen, die am Abend vorher vorbereitet worden waren. NLD-Vorsitzender U Aung Shwe und die beiden Vize U Tin U und U Kyi Maung wurden ebenfalls durchgelassen.

„Ich erfuhr, daß eine Anzahl von NLD-Mitgliedern, die zu dem Kongreß gekommen waren, an der Kreuzung unweit meines Hauses waren, wo Barrikaden die Leute daran hinderten, in die Straße einzubiegen", schreibt Aung San Suu Kyi. „Um etwa zehn Uhr beschlossen wir, zu ihnen zu gehen und ihnen zu sagen, sie sollten ins NLD-Hauptquartier gehen. Es war keine neue Erfahrung, die Straße entlang zu gehen, die außer den Sicherheitskräften völlig verwaist war. Während meiner Wahlkampagnentouren 1988 und 1989 war das immer wieder passiert."

Am Nachmittag des Jahrestages der NLD-Gründung, nachdem die religiöse Zeremonie zur Ehre des Tages beendet war, beschließen Aung San Suu Kyi und der NLD-Vorsitzende U Aung Shwe, zum Parteihauptquartier zu fahren, wohin sie die Menge geschickt hatten, die sich an der Straßensperre an der Ecke der University Avenue am Morgen versammelt hatte.

Auch der Zugang zu diesem Gebäude ist versperrt. Schlimmer noch, am selben Abend wird der Vermieter gezwungen, den Pachtvertrag für das Haus zu kündigen und das NLD-Schild zu beseitigen. „Die Behörden hatten offensichtlich beschlossen, alle nur möglichen Schritte zu unternehmen, um uns von der Arbeit einer normalen politischen Partei abzuhalten." Auch eine Woche später bleibt die University Avenue gesperrt.

Aber wie so häufig gewinnt Aung San Suu Kyi selbst dieser Situation etwas Positives ab. U Tin U hatte bemerkt, daß es immer still im Zentrum eines Wirbelsturmes ist, und sie stimmt ihm zu: „Dieser Zustand der Semi-Belagerung gibt mir die Möglichkeit, mich von dem zermürbenden Zeitplan zu erholen, dem ich normalerweise folge. Ich muß nicht in aller Eile essen und habe sogar Zeit, eine Stunde pro Tag im Garten herumzugehen: eine wunderbar entspannende und erfrischende Art der körperlichen Ertüchtigung, der ich seit Jahren nicht mehr frönen konnte." Sie geht immer noch davon aus, daß dies nur eine kurze Übergangsperiode sein wird, und fügt hinzu: „Dieses erstaunliche Zwischenspiel sollte mir helfen, mich für all die Herausforderungen, die ich in der Zukunft zu meistern habe, in Form zu bringen."

Elf Tage später, am 7. Oktober 1996, nutzt Aung San Suu Kyi „die seltene Gelegenheit", nach getaner Arbeit früh zu Bett zu gehen. Doch um Mitternacht wacht sie auf und hört Stimmen im Garten. Sie nimmt an, daß einige ihrer 31 Hausgäste eine mitternächtliche Diskussion veranstalten. Die Stimmen werden lauter, nehmen dann wieder ab und schwellen gegen zwei Uhr so an, daß Suu sich entschließt, hinunter zu gehen. Das Haus ist in Aufruhr: Die Straße ist wieder offen. Früh am Morgen erscheinen die ersten Besucher. Eine Pressekonferenz wird arrangiert. Eine der Fragen ist, ob die Wochenendveranstaltungen wieder aufgenommen werden sollten. „Meine Antwort war, daß wir so lange weitermachen, wie die Leute bereit sind, zu kommen." SLORC hört mit und ist offensichtlich überzeugt, daß die Leute weiterhin bereit sind. Und so wird Aung San Suu Kyis Nachtruhe vier Tage später wieder unterbrochen: Am Freitag, dem 11. Oktober, um Mitternacht heulen Polizeisirenen vor ihrem Haus, und sie vernimmt das Rumpeln von Lastwagen, Geräusche, die „uns schon zur Gewohnheit geworden sind und verkünden, daß der Zugang zu meinem Haus wieder abgeschnitten worden ist".

„Es ist absurd", schreibt Aung San Suu Kyi. „Die Straße vor meinem Haus wird abgesperrt und dann wieder aufgemacht und dann wieder abgeriegelt mit dem aufgeregten Rhythmus eines verrückten Jo-Jos." Doch dieses Mal ist es anders: „U Tin U kam nicht zu mir. Ich habe schon mehrmals von unserem stellvertretenden Vorsitzenden berichtet, der einmal der Oberkommandierende der Streitkräfte Burmas war, aber ich hatte noch nicht die Gelegenheit, eine besonders liebenswerte Seite an ihm zu beschreiben: Er hat den stark entwickelten Beschützerinstinkt eines wirklich ehrbaren Soldaten." Wenig später werden ihre Vermutungen bestätigt: Ihre *lugyis*, die Partei-Ältesten, werden nicht mehr zu ihrem Haus gelassen. „Das heißt nur, daß ich jetzt zu ihnen gehen muß, um zu beraten und die Arbeit unserer Partei fortzusetzen. *‚Business as usual'* ist unser Motto, wenn wir auch etwas unorthodox in unseren Methoden sein mußten. Während der nächsten Tage trafen wir uns in verschiedenen Häusern zu verschiedenen Zeiten, um die Arbeit zu beenden, die während eines regulären Parteitags getan werden sollte. Wo auch immer wir hingingen, folgte uns das Regime mit intensiver, ja geradezu vulgärer Neugier, umstellte die Plätze mit Militärgeheimdienst und Sicherheitskräften und verschwendete viel Video- und Kamerafilm darauf, die Ankommenden und Weggehenden zu photographieren."

Die erste Blockade dauert von Mitternacht am 26. September bis zur selben Stunde am 7. Oktober. Wiederum mitten in der Nacht am 11. Oktober gehen die Barrikaden an beiden Enden der University Avenue hoch und werden am 21. Oktober, dieses Mal um halb fünf nachmittags, wieder beseitigt. Fünf Stunden später allerdings werden sie wieder aufgebaut. „Wahrscheinlich ist Methode in dieser Verrücktheit", sagt Aung San Suu Kyi, als sie an diesem Abend zu Bett geht. Am nächsten Morgen fließt der Verkehr wieder vor ihrem Tor. Der

Zugang zur University Avenue war um drei Uhr in der Nacht wieder geöffnet worden. „Jener Tag, der 22. Oktober, war ein normaler Arbeitstag: na ja, mehr oder weniger normal bei NLD-Standards, mit Leuten, die kamen, um sich darüber auszutauschen, wie sie verfolgt und von den Sicherheitskräften verprügelt worden waren, wie sie verhaftet und dann wieder freigelassen worden waren. Und dann um Mitternacht an jenem Tag wurde die Straße wieder abgesperrt."

Die Blockaden sind immer ein bißchen verschieden: Während der ersten konnte Aung San Suu Kyi kommen und gehen, aber nur die Führungsschicht der NLD durfte zu ihr. Beim zweiten Mal durften auch die *lugyis* sie nicht aufsuchen, aber Aung San Suu Kyi durfte zu ihnen gehen. „Der dritten Blockade, die um Mitternacht am 22. Oktober begann, begegneten wir sehr ungerührt. Am nächsten Morgen, einem Mittwoch, machte ich mich fertig, um auszugehen und zu sehen, wo wir unser Treffen abhalten könnten, das eigentlich in meinem Haus hatte stattfinden sollen. Aber als ich gerade gehen wollte, kam der Offizier des Militärgeheimdienstes, der für die Sicherheit in meinem Haus zuständig war, mit einer ‚Bitte' auf mich zu, ich sollte an diesem Tag das Haus nicht verlassen. Eine höfliche Bitte verdient eine höfliche Antwort, also sagte ich, daß mir das recht sei, wenn dafür die, die an dem Treffen teilnehmen sollten, zu mir kommen könnten. Das wurde schnell arrangiert, aber als U Aung Shwe und U Tin U ankamen, wurde mir klar, daß U Kyi Maung nicht bei ihnen war. Er war an diesem Morgen vor Tagesanbruch abgeführt worden. Außerdem erfuhr ich, daß der Geheimdienst-Offizier die beiden gebeten hatte, mir mitzuteilen, daß ich einige Tage das Haus nicht verlassen solle."

U Kyi Maung war verhaftet worden, weil er zu den Studentenunruhen verhört werden sollte, die einige Tage zuvor am Rangoon Institute of Technology ausgebrochen waren. Die Hochschulen wurden daraufhin bis auf weiteres geschlossen. Am Dienstag, einen Tag bevor die Straße wieder abgesperrt wurde, waren zwei Studenten in die University Avenue gekommen und hatten mit U Kyi Maung gesprochen. Offensichtlich hatten die Behörden angenommen, daß die NLD etwas mit den Studentenunruhen zu tun habe. „Das ist ganz normal", bekundet Aung San Suu Kyi. „Die Obrigkeit gibt uns gewöhnlich für alles die Schuld, was im Land schiefgeht. Wir sind manchmal verblüfft, wieviel Einfluß auf Ereignisse in Burma uns die Staatsgewalt zutraut. Ihre fixe Idee von unserer Organisation erinnert mich manchmal an das Lied, das mit den Worten ‚Im Schlaf denk' ich an dich, wachend denk' ich an dich' beginnt."

Business as usual: „Wir machten mit unserer Arbeit weiter in einer surrealen Atmosphäre eines Hausarrests, der kein Hausarrest war", schreibt Aung San Suu Kyi in einem ihrer letzten *Briefe aus Burma.* Sie erfährt von der BBC, daß die Staatsgewalt behaupte, sie könne kommen und gehen, wie sie wolle: „Eine besonders haarsträubende Behauptung, besonders im Angesicht der uniformierten Wachen, die vor dem Tor meines Hauses postiert sind."

Am Samstag begehen die wenigen NLD-Anhänger, die noch in dem Haus an der University Avenue ausharren, das jährliche Lichtfest. Die jugendlichen Anhänger lassen ein kleines Feuerwerk los und hängen Lampions auf: „Unsere pyrotechnischen Aktivitäten waren sehr moderat, aber sie hatten einen gewissen Charme, da wir ein traditionelles Fest auch inmitten der Bedrängnis am Leben hielten", schreibt Aung San Suu Kyi. „Und am Montagnachmittag wurde U Kyi Maung entlassen und die Straße zu meinem Haus wieder geöffnet. Bis auf weiteres." Das „bis auf weiteres" war eine Lockerung, die den ASEAN-Generalsekretär Ajit Singh beeindrucken sollte, der in Rangun zu Besuch war. Die Generäle waren auf eine baldige Voll-Mitgliedschaft in dem asiatischen Staatenbund erpicht. Und eine eingesperrte Opposition stand ihnen dabei nicht so gut zu Gesicht. Auch wenn die anderen ASEAN-Staaten mit ihrer Opposition auch nicht immer gerade zimperlich umgingen. Sobald der hohe Besuch wieder abgereist war, werden die Sperren am 2. November wieder aufgebaut.

Die Staatsgewalt hatte zwar ihre Taktik geändert, aber der gewünschte Effekt war der gleiche geblieben: Erst wurde Aung San Suu Kyi in ihrem Haus ein- und nach ihrer Freilassung wurde die Straße abgesperrt – Aung San Suu Kyi und ihre Anhänger sollten voneinander getrennt werden. Genauso verfährt man mit der Partei: Erst wird sie zugelassen, aber als sie die Wahl gewinnt, wird das Ergebnis nicht anerkannt, und die gewählten Parteimitglieder werden verhaftet – die NLD soll an ihrer Arbeit als normale demokratische Partei gehindert werden.

Normales Leben

„Vor kurzem fragte mich ein Freund, wie die Dinge so ständen, seit die Obrigkeit immer wieder Barrikaden vor meinem Haus errichten läßt", schreibt Aung San Suu Kyi. „Ich antwortete, alles sei in Ordnung, ich lebte mein Leben ganz normal weiter. Er brach daraufhin in schallendes Gelächter aus: ‚Dein Leben ist alles andere als normal, es ist sogar ein sehr anormales Leben!' Und da mußte ich auch lachen. Ich nehme mal an, daß mein Leben manchen wirklich sehr seltsam erscheinen muß, aber ich habe mich daran gewöhnt, und es ist wirklich nicht viel sonderbarer als so vieles, was heutzutage in Burma passiert." Kein Ausschnitt aus ihren Briefen zeigt sie besser, wie sie ist: völlig unprätentiös, ihr eigenes Licht unter den Scheffel stellend. „Manchmal, wenn wir durch den Garten gehen und die Straße draußen völlig still ist, abgeschnitten vom Rest der Stadt, dann stimmen meine Kollegen und ich überein, daß, wenn wir unsere Erfahrungen in Romanform aufschreiben würden, die Geschichte als weit hergeholt kritisiert werden würde, als vermurkstes Orwellsches Märchen."

Und Aung San Suu Kyi hat recht mit dem, was sie schreibt. An der Ecke der University Avenue ist auf einem der großen dunkelroten Schilder, die man in ganz Rangun finden kann, in weißen Lettern der „Wunsch des Volkes" zu lesen. Auf englisch und burmesisch steht dort geschrieben: „* Lehnt die ab, die sich auf ausländische Elemente verlassen, ihre Handlanger sind und negative Ansichten haben. * Widersetzt euch denjenigen, die die Stabilität des Staates und den Fortschritt der

Nation gefährden. * Lehnt die Einmischung fremder Nationen in die internen Angelegenheiten des Staates ab. * Zermalmt alle internen und externen zerstörerischen Elemente. Sie sind der gemeinsame Feind."

„Ich bezweifle", kommentiert Aung San Suu Kyi dies, „daß man in anderen Ländern um die Ecke von dieser unfreundlichen und xenophobischen Erklärung eine riesenhafte, wenig attraktive Version der traditionellen Puppe finden kann, die mit aufgedunsenem weißem Gesicht, starren Augen, steifem Lächeln und einer Brieftasche in der Hand (das ist nicht sehr traditionell), die Touristen im *Visit Myanmar Year* willkommen heißt." Wie in George Orwells Roman *1984* hat die Staatsgewalt nicht nur sich, sondern auch dem Land einen neuen Namen gegeben: Burma heißt seit 1989 Myanmar und der in *Staats-, Friedens- und Entwicklungsrat* (SPDC) umbenannte SLORC heißt alle Besucher herzlich willkommen, weist sie aber gleich darauf hin, daß das Volk allen Fremden mißtraut. Wie bei Orwell ist es eine völlige Umkehrung der Realität: Es gibt wohl kaum ein Land, dessen Menschen gastfreundlicher sind als Burma und dessen Regierung mehr den wirklichen „Wunsch des Volkes" ignoriert. „Bizarr ist das Wort, das einem dabei einfällt", schreibt Aung San Suu Kyi, „‚Faschistisches Disneyland' kommentierte ein häufiger Besucher Burmas."

Der „Wunsch des Volkes" auf den roten Plakaten ist mehr als das zu interpretieren, was sich die Generäle wünschen oder was sie fürchten. Der wirkliche Wunsch des Volkes drückte sich sehr deutlich in den Wahlen 1990 aus, die die Herrschenden in Burma immer noch nicht anerkannt haben. Statt dessen ergehen sie sich in einer Haßkampagne gegen Aung San Suu Kyi: „Jeden Tag in der Woche wird Suu in Burmas offiziellen Medien verteufelt, verunglimpft, verleumdet, verhöhnt, verspottet und beleidigt", sagte ihr Ehemann Michael Aris in einer Ansprache in Melbourne im September 1998. „Auf die feige Art, die Soldaten benutzen, die jeden Sinn für Ehre und Anstand verloren haben, wird ihr sogar das Recht vorenthalten, darauf zu antworten." Sie wird abwechselnd als Kommunistin und als Kolonialistin beschimpft. Gegen beide Feinde hat die burmesische Armee gekämpft und ist deshalb wohl geübt in ihrer Verteufelung. Als Beweise führen die SLORC-Medien immer wieder an, daß sie a) mit einem Engländer (= Kolonialist) verheiratet ist und b) die Ziele ihres Vaters verfolgt, der Sympathien für die Kommunisten hegte. Den zweiten Ansatzpunkt hat Aung San Suu Kyi häufig dadurch zu entkräften gesucht, daß sie niemals geleugnet hat, daß ihr Vater während des Unabhängigkeitskampfes auch mit Kommunisten zusammengearbeitet habe. Er sei, so betont sie immer wieder, eben kein Ideologe, sondern ein Pragmatiker gewesen. Seine Ziele seien ein freies, unabhängiges, demokratisches und geeintes Burma gewesen und nicht die Herrschaft einer Partei und Planwirtschaft.

Michael Aris weiß, daß der Hauptansatzpunkt der „überfließenden Kloake offizieller Beschimpfungen", wie er es ausdrückt, Suus Heirat mit einem Europäer, also mit ihm, ist. Diese Attacken sind wahrhaftig reißerisch und offenkundig rassistisch. Suu wird in den offiziellen Medien, wie zum Beispiel der Tageszeitung *Neues Licht Myanmars*, als „Prostituierte" und „Verräterin am Nationalismus" beschimpft und ihre Söhne als „Bastarde" lächerlich gemacht. Es kann nicht einfach sein, solche Angriffe unbeantwortet zu lassen. Aber Michael Aris hat immer versucht, solche persönlichen Schmierkampagnen als Zeichen der moralischen Unterlegenheit der Generäle gegenüber seiner Frau abzukanzeln. Und er ist immer vorsichtig, ihnen keinen neuen Stoff zu bieten: So gibt er besonders darauf acht, nicht als Suus Sprecher aufzutreten: „Es ist unbedingt erforderlich, daß ich unsichtbar bleibe", betont er immer wieder.

„Besucher meines Landes sprechen häufig von der Freundlichkeit, der Gastfreundschaft und dem Sinn für Humor der Burmesen", schreibt Aung San Suu Kyi. „Und dann fragen sie, wie es sein könnte, daß dieses Volk ein so brutales, humorloses, autoritäres Regime hervorbringen kann. Eine umfassende Antwort auf diese Frage würde eine ganze Doktorarbeit ausmachen, aber als kurze Antwort könnte man vielleicht sagen, wie es ein Schriftsteller einmal getan hat, daß Burma in der Tat eines dieser Länder voll Charme und Grausamkeit ist. Ich habe mehr Warmherzigkeit, mehr herzliche Zuneigung, mehr Zärtlichkeit, mehr Mut und mehr Fürsorge von meinen Leuten erfahren, als wir zusammen gehofft, gelitten und gekämpft haben, als von irgend jemand sonst in der Welt. Aber die, die Haß und Rachsucht verbreiten und die davon schwärmen, uns auszulöschen und zu zermalmen, sind ebenfalls Burmesen, gehören auch zu unserem Volk. Wie viele können in einem Land, in dem so tiefe Klüfte zwischen Herzen und Gedanken existieren, in dem es weder Freiheit noch Sicherheit gibt, für sich in Anspruch nehmen, ein normales Leben zu führen? Wenn wir nach Demokratie streben, streben wir allein danach, daß die Menschen beruhigt in der Sicherheit des Gesetzes leben können, geschützt durch Institutionen, die ihre Rechte garantieren, Rechte, die es möglich machen, unsere Menschenwürde hochzuhalten, lang eiternde Wunden heilen und Liebe und Mut florieren zu lassen. Ist das eine so übertriebene Forderung?"

„Operation Anarchie"

Die Laisser-faire-Haltung, die die Staatsgewalt anfänglich nach Aung San Suu Kyis Entlassung aus dem Hausarrest zur Schau stellte, war von kurzer Dauer. Bald wird die Schraube angedreht, und SLORC unternimmt alles, um ihre Anhänger von ihr fernzuhalten. Die Absperrungen der University Avenue dauern immer länger, bis sie zur Gewohnheit werden. NLD-Anhänger werden verfolgt, verhaftet und in Schauprozessen verurteilt. SLORC versucht, einen Keil zwischen die Anhänger der Demokratiebewegung und Aung San Suu Kyi zu treiben. Sechs Jahre Hausarrest haben nichts bewirkt, also probiert die Staatsgewalt jetzt andere Methoden. Doch während ihres ersten Jahres in der Freiheit nimmt ihre Popularität proportional mit den Repressalien gegen ihre Partei und ihre Anhänger zu. „Es wird immer schlimmer", seufzt sie, als ich sie

1997 besuche. Angriffe auf ihre Person sind jetzt nicht mehr auf Schmierkampagnen in den offiziellen Medien beschränkt. Immer häufiger kommt es zu Handgreiflichkeiten gegen ihre Person.

Die Schlägertypen der *Union Solidarity and Development Association* (USDA) scheinen immer zur Stelle zu sein, wenn SLORC sich nicht die Hände schmutzig machen will. Dann sind es nicht Militär oder Polizei, die auf Demonstranten der Demokratiebewegung eindreschen. Dann kann sogar die offizielle Propaganda behaupten, daß Angriffe auf Aung San Suu Kyi von seiten der aufgebrachten Bevölkerung erfolgen und nicht von offizieller Seite veranlaßt sind. So zum Beispiel am 14. Februar 1996, dem Jahrestag des Todes U Nus, des ersten Premierministers des unabhängigen Burma. Seine Familie wollte zu diesem Anlaß eine Andacht in einem Kloster in Rangun abhalten. Aber einen Tag vorher wurde ihnen mitgeteilt, daß keine Politiker an der Zeremonie teilnehmen dürften. „Es schien, daß die Politiker, die die Behörden besonders von der Zeremonie fernhalten wollten, der NLD angehörten", vermutet Aung San Suu Kyi. „Man ordnete an, daß man uns zusetzen sollte, wenn wir auftauchen. Und zwar sollten wir mit Tomaten beschmissen werden. Eine Reihe von denen, die den Befehl dazu bekommen hatten, fanden das so abstoßend, daß wir bald Wind von dem Plan erhielten." Aber Aung San Suu Kyi ließ sich nicht abhalten: „Wir beschlossen, wie geplant, an der Zeremonie teilzunehmen, und wenn wir Tomaten-Werfern begegneten, diese zu fragen, was oder wer sie veranlaßt habe, dies zu tun." Ein mit drei Kisten Tomaten bepackter Toyota war in der Tat vor dem Kloster geparkt, und Hunderte Unbekannter trieben sich vor dem Tor herum. „Höchst wahrscheinlich waren die ungeladenen Gäste Mitglieder der USDA, einer sogenannten sozialen Wohlfahrtsorganisation, die unter der Schirmherrschaft des SLORC gegründet worden ist. Uns wurde gesagt, daß der Sekretär des Ostdistrikts der *Association* den Tomatenangriff angeordnet hatte. Am Ende passierte gar nichts, vielleicht weil zu viele Ehrengäste anwesend waren, die überzeugte Anhänger der Demokratie waren, oder weil denjenigen, die geschickt worden waren, um Ärger zu machen, dies zuwider war."

Nicht so einige Monate später. Aung San Suu Kyi war mit einer Reihe von Anhängern zum Haus U Kyi Maungs gefahren, von wo aus sich ein Autokonvoi in Richtung einer Parteiveranstaltung in Bewegung setzen sollte. „Ich fuhr in einem geschlossenen Wagen mit dunklen Scheiben, die starke Sonnenstrahlen und neugierige Blicke abhalten sollten. Ein blauer geschlossener Wagen, in dem meine MI (Militärischer Geheimdienst)-Schutztruppe saß, fuhr vorne weg", berichtet Aung San Suu Kyi. „U Kyi Maungs Haus liegt an einer Seitenstraße. Als wir 15 Minuten zuvor in sie eingebogen waren, hingen dort nur einige uniformierte Sicherheitskräfte und ein paar Leute in Zivil herum. Doch als unsere Wagen wieder auf die Straße herauskamen, umzingelte uns eine riesige Menge. Der blaue Wagen schlüpfte ungeschoren hindurch, während der Mob anfing, unser Auto mit Steinen, Eisenstangen und anderen mörderischen Instrumenten anzugreifen. Der Anführer war ein Mann, der zunächst durch die Windschutzscheibe geschaut hatte, um zu sehen, wer im Wagen saß. Im Bruchteil einer Sekunde war die Rückscheibe eingeschlagen, aber Gott sei Dank hielt die Schutzfolie die Stücke zusammen, sonst wären wir mit Splittern übersät worden. Außerdem waren da noch zwei tiefe Kerben, wahrscheinlich das Resultat der eindreschenden Eisenstangen. Wir fuhren weiter, und die ganze Episode lag innerhalb weniger Sekunden hinter uns"; doch Schock und offene Fragen blieben bei Aung San Suu Kyi. Wie konnte so etwas passieren, in einer Straße, die angeblich von Mitgliedern der Sicherheitskräfte abgesperrt war, die angeblich doch zu ihrem Schutz da waren, die aber diesen Angriff zugelassen hatten, ja sogar „nichts getan hatten, um ihn zu verhindern? Ganz im Gegenteil, nachdem unsere Autos weggefahren waren, setzte sich der Mob am Straßenrand nieder und blieb dort für mehrere Stunden unter den – wie man annehmen darf – wohlwollenden Augen der Sicherheitskräfte sitzen." Aung San Suu Kyi kommt zu dem Schluß, daß dies Mitglieder der USDA waren, die aus den Vorstädten Ranguns herangekarrt und in großen Gruppen um ihr Haus herum postiert worden waren. „Die Haltung der Behörden in diesem Fall ist sehr aufschlußreich. Obwohl verkündet wurde, man werde den Vorfall untersuchen, haben wir nicht gehört, daß irgendwelche Schritte gegen die Schlägertypen unternommen worden sind, die den Mitgliedern der Sicherheitskräfte wohl bekannt sein müssen, da sie ja vollkommen gleichmütig zusahen, als diese ihre Akte des Vandalismus ausübten. Ganz im Gegensatz zu dem Eifer, mit dem sie NLD-Anhänger verhaften und wegen trivialer Angelegenheiten zu erheblichen Gefängnisstrafen verurteilen. Was ist der Preis für Recht und Ordnung in einem Land, in dem Ungerechtigkeit und Anarchie von denen gebilligt wird, deren offizielle Pflicht es ist, ihre Bürger vor Gewalttaten zu schützen?"

Aung San Suu Kyi war nie versucht, Gewalt mit Gewalt zu beantworten. Dennoch hat sie niemals die verurteilt, die nicht ihrer Meinung waren: „Wir haben immer gesagt, daß wir uns niemals von den Studenten und anderen distanzieren werden, die zu Mitteln der Gewalt gegriffen haben. Wir wissen, daß sie dasselbe Ziel anstreben wie wir. Sie wollen eine Demokratie, und in ihren Augen besteht die beste Möglichkeit, zu ihrer Verwirklichung zu kommen, in einem bewaffneten Kampf." Ihre Haltung resultiere aus einer tiefen Enttäuschung und aus der Tatsache, daß der Staat eine so extreme Haltung einnehme. Und Extremismus, so Aung San Suu Kyi, erzeuge nur Extremismus. „Außerdem können wir nicht für ihre Sicherheit garantieren. Wir können nicht sagen: ‚Folgt uns auf unserem Weg der Gewaltlosigkeit, dann werdet ihr geschützt sein', und genausowenig können wir sagen, daß wir unser Ziel ganz ohne Tote und Verletzte erreichen werden. Ein solches Versprechen können wir nicht geben." Sie hat nie für sich in Anspruch genommen, „das Monopol auf die richtigen Methoden zur Erreichung unseres Ziels zu besitzen". Aber als überzeugte und praktizierende Buddhistin hat sie für sich selbst den Weg der Gewaltlosigkeit gewählt. Die Entscheidung war aber eine politische, nicht eine spirituelle. Sie zieht Gewaltlosigkeit vor, weil sie der Meinung ist, „daß es auf lange Sicht politisch für das Land besser ist, unter Beweis zu stellen, daß man einen Wandel auch ohne Anwendung von Waffengewalt herbeiführen kann. Das war von Anfang an eine klare politische Richtlinie der NLD. In diesem Punkt spielen spirituelle Fragen für uns überhaupt keine Rolle." Hier sieht sie auch einen Unterschied zwischen sich und ihrem Vorreiter in Sachen Gewaltlosigkeit, Mahatma Gandhi, „der wahrscheinlich alle Bewegungen verurteilt hätte, die nicht gewaltfrei sind. Aber ich bin mir da nicht sicher. Er hat einmal gesagt, wenn er nur die Wahl hätte zwischen Gewalt und Feigheit, würde er die Gewalt vorziehen. So hat also selbst Gandhi, der als der größte Anhänger von Gewaltlosigkeit gilt, die Möglichkeit von Ausnahmen eingeräumt."

Fast eine Dekade, nachdem sie in die Politik ging, ist Aung San Suu Kyi über alle Rollenvorbilder, die ihre politischen Überzeugungen prägten, hinausgewachsen: Sie ist eine Anhängerin der Gewaltlosigkeit, aber, wie sie sagt, keine „Gandhi-Jüngerin". Sie ist überzeugte und praktizierende Buddhistin, aber keine buddhistische Politikerin, auch wenn sie versucht, den Prinzipien des „Mittleren Weges" zu folgen, wie es ihre Religion ihr gebietet, und einen Dialog mit denen anstrebt, die sie zu unterdrücken versuchen. Sie ist eine komplexe Frau, die nicht einfach in irgendwelche Schubladen zu stecken ist. Sie ist sie selbst. Und ich wollte diese starke und gleichfalls sanfte Frau unbedingt kennenlernen.

50 Jahre danach: Besuch bei der Tochter Aung Sans

An dem Februarmorgen 1997, an dem ich in Rangun eintreffe, ist der Himmel über der burmesischen Hauptstadt strahlend blau. Ein wunderbarer Kontrast zu der Smogglocke über Bangkok, das ich soeben verlassen habe. Der Kontrast zwischen den beiden Hauptstädten könnte nicht krasser sein: Bangkok, die amorphe Masse von Menschen, Hochhäusern und niemals abnehmenden Autostaus. Und Rangun, eine Stadt, die in den fünfziger Jahren festzustecken scheint.

Am Flughafen hat man mich aus der relativ kurzen Reihe der Einreisenden herausgezogen. „Journalist?" Nein, antworte ich, Autor. Diese Spitzfindigkeit hatte mir bereits das Visum verschafft, das mir als Journalistin versagt geblieben wäre. Nun werde ich ein weiteres Mal gefilzt. Die offizielle Seite Burmas versucht, Touristen und Investoren ins Land zu locken. Journalisten sind dagegen unerwünscht. Ein chinesischer Kollege wurde verhaftet, weil er vorgab, ein Tourist zu sein, einem Amerikaner nahm der Militärische Geheimdienst das Zimmer auseinander. Die Eltern von Steven Tissamy suchen in Mandalay immer noch nach ihrem Sohn, der dort verschwunden ist. Die australische Botschaft schritt ein, als Nicholas Cheesman nicht wieder auftauchte. Und der 25jährige Brite James Mawdsley sitzt immer noch im berüchtigten Insein-Gefängnis. Ich weiß, daß Ausländer in diesem Land, in dem das Militär die Menschenrechte außer Kraft gesetzt hat, ebenfalls nicht immun vor Zugriffen, Schikanen und Schlimmerem sind.

„Was für Bücher schreiben Sie?" fragt der Mann im *Longyi.* Die zivile Kleidung bedeutet, daß er vom Geheimdienst ist. Geschichtsbücher, ist meine Antwort. Auch dies ist keine Lüge, ist doch der Grund meines Besuchs in Burma die Recherche für ein Buch über Männer der Geschichte. Die entscheidende Zusatzinformation, daß diese Geschichte aus der Perspektive der Töchter dieser Männer erzählt werden wird, behalte ich für mich. Denn im Fall Burmas handelt es sich um eine ganz bestimmte Tochter, deren Kontakt zur Außenwelt die offiziellen Stellen gerne abschneiden würden. Sie werfen ihr vor, daß durch solche Kontakte das Land in ein schlechtes Licht gerückt wird; daß durch ihre Äußerungen besonders westliche Investoren davon abgehalten werden, nach Burma zu kommen; daß sie durch Kontakte mit den westlichen Medien Geschichten in die Welt setzt, die Touristen davon abhalten, das Land zu besuchen und ihr Geld dort zu lassen; und daß darunter die Bevölkerung leidet. Aber was ich in den wenigen Interviews las, die sie in letzter Zeit geben konnte, klang ganz anders: Die Bevölkerung leidet nicht darunter, daß die

Touristen ausbleiben. Sie leidet unter Korruption und unter Willkürherrschaft. Die Bevölkerung leidet nicht darunter, daß die Investitionen ausbleiben. Sie leidet darunter, daß sie im Vorfeld großer Investitionsobjekte zwangsumgesiedelt wird und daß Gefangene in Ketten Infrastrukturarbeiten verrichten müssen. Sie leidet darunter, daß ihr politischer Wille, den sie mutig in den Wahlen von 1990 bekundete, immer noch nicht anerkannt worden ist. Und dafür ist die Frau, die an der University Avenue in Rangun wohnt, ein lebendes Symbol, das die offizielle Seite Burmas so gerne totschweigen würde. Ihren Namen zu nennen ist verboten. Und ihr Bild kann den Besitzer ins Gefängnis bringen. Aber man braucht sie nicht beim Namen zu nennen. Denn jeder kennt sie. Sie, die *daw,* die Dame. 50 Jahre nach der Ermordung ihres Vaters war ich nach Rangun gekommen, um das Phänomen der *Töchter Asiens* zu untersuchen, der Politikerinnen, die in die Fußstapfen ihrer illustren Väter treten. In diesem Falle ist die Identifikation der Tochter mit dem Vater so massiv, daß sie mich schaudern ließ: Sollte sich die Geschichte wiederholen?

Mein erster Weg führt mich zur Schwe-Dagon-Pagode. „Der Name bedeutet ‚Goldenes Dagon'", schreibt Aung San Suu Kyi in ihrer Landeskunde. „Dagon war der Name der Mon-Siedlung, die einst an der Stelle des heutigen Rangun existierte. Die Schwe-Dagon ist den Völkern Burmas heilig und ans Herz gewachsen. Viele Legenden kreisen um die große Pagode. Die Tradition besagt, daß das erste Monument hier bereits zu den Lebzeiten des Buddha gebaut wurde. Das kann natürlich nicht verifiziert werden, aber sicher ist, daß sich hier seit frühester Zeit ein Monument befand, das Relikte Buddhas in sich aufnahm." Zu Füßen der ehrwürdigen Schwe-Dagon hatten sowohl ihr Vater wie Aung San Suu Kyi ihre bedeutendsten Reden gehalten. Und so will ich dort in mein Thema eintauchen.

Mein Kontaktmann kann mich erst später sehen. Bergan also zu der weithin sichtbaren goldenen Stupa. Dann einen der überdachten Gänge hinauf, an dessen beiden Seiten die Händler ihre Devotionalien feilbieten. Es wird heißer. Oben angelangt, tauche ich ein in die Ruhe und umkreise barfuß die ehrwürdige, 2500 Jahre alte Stupa, die Sir Edwin Arnold, ein britischer Buddhismus-Gelehrter, die „große Pyramide des Feuers" nannte. Diesen Weg sind vor mir schon viele gegangen. Rudyard Kipling beschrieb die Szene als „wachendes, blinzelndes, klingendes Wunder". Der Marmor unter meinen Füßen ist heiß, und die Sonne spiegelt sich so gleißend in dem Gold der Stupa, daß ich den Schatten einer der 68 kleineren Pagoden aufsuche. Neugierig umkreisen mich Kinder und junge Novizen. Jeder Junge verbringt eine Weile im Kloster: Sein Novizentum bringt seiner Familie Ehre und markiert sein Eintreten in die Pubertät. Aber die Konzentration der Jungen auf die Schriften und Meditation wird von mir gestört – westliche Touristen sind immer noch etwas Besonderes.

Ich treffe meine Kontaktperson. Der Brief, den ich an Aung San Suu Kyi adressiert hatte, ist überbracht worden. Hoffentlich. Seit er meine Hände verlassen hat, ist der Grad meiner Nervosität kontinuierlich angestiegen. Dann versuche ich, zu telefonieren. Durchkommen ist Glückssache. Das Knacken in der Leitung bedeutet, daß das Tonband der Staatssicherheit ab jetzt alles aufzeichnet. Aung San Suu Kyis Mitarbeiter warnt mich, daß zwei Vorgänger, die mit einem ähnlichen Anliegen versuchten, zur *Daw* durchzukommen, abgewiesen und dann sofort des Landes verwiesen wurden. Er wünscht mir Glück, und ich packe die wenigen Sachen, die ich mitgebracht habe, zusammen. Vorsichtshalber.

Das Taxi setzt mich vor einem Hotel am Inya-See ab. „Es gibt so viel Schönes und so viel, was in meinem Land nicht stimmt", schrieb Aung San Suu Kyi. „Am Abend, wenn ich von meinem Garten aus auf den Inya-See blicke, sehe ich zerfledderte Schönheit der Blumen, die tropische Üppigkeit der Kokospalmen, die unordentlich exotischen Bananenpflanzen und die Schroffheit des Stacheldrahtes am Seeufer. Und auf der anderen Seite des stillen Wassers, geschmückt mit Gruppen von Wasserhyazinthen, ist ein Koloß eines neuen Hotels gebaut worden, mit Profit statt Eleganz im Sinn." Vor der Tür dieser Monstrosität steige ich aus, mache einen kleinen Umweg über die Hotellobby, lasse mir, um mögliche Beobachter zu verwirren, die Preisliste geben. Dann gehe ich spazieren, am See entlang, so gelassen, wie es die Nervositätsschmetterlinge in meinem Bauch und die Hitze der frühen Nachmittagssonne zulassen. *„Mad dogs and Englishmen out in the midday sun"* – nur verrückte Hunde und Engländer sind bei der Mittagsglut draußen –, heißt es in dem Lied, das britische Kolonialzeiten in Ländern wie Burma widerspiegelt. Die Wachen der ersten Straßensperre, auf die ich stoße, als ich in die University Avenue einbiege, haben sich wohlweislich in den Schatten zurückgezogen. Als sie mich sehen, rafft sich einer auf und schlurft heran, fragt, was ich wolle und ob ich mich verirrt habe. Nein, antworte ich, ich wolle hier weitergehen, denn ich habe einen Termin mit Aung San Suu Kyi. Jetzt ist der Soldat, der nicht älter als 20 sein kann, schon weniger freundlich. Er versucht mich abzuweisen, wegzuschicken. Ich insistiere, für meine Verhältnisse noch erstaunlich ruhig dafür, daß er jetzt sein Gewehr auf mich richtet, das er über den Arm hängen hatte, als er heranschlurfte. Ich betone immer wieder, ich kann doch nicht so unhöflich sein und einen Termin versäumen, und tue so, als sei die Situation die normalste der Welt. Mein Aufpasser bleibt ungerührt. Seine Kumpane haben den nächsten Posten verständigt. Ein etwas älterer junger Mann läuft herbei, so schnell es sein *Longyi* und seine Schlappen ermöglichen. Er geleitet mich ein Stück die University Avenue entlang zum nächsten Wachposten. Dort wird mir mein Paß abgenommen, und zu meinem neuen Aufpasser gesellen sich zwei weitere, einer mit Handy, der andere mit Walkie-talkie – diese Waffen des Staatssicherheitsdienstes erscheinen mir viel angenehmer als das Gewehr des Soldaten, aber auch sie können mich von meinem Ziel fernhalten. Ich beginne zu schwitzen. Die Hitze ist unerträglich, und ich stehe reglos in der prallen Sonne, während die drei zwischen dem Wachhäuschen und mir hin- und herlaufen, mit ihren Vorgesetzten konferieren und mich immer weiter befragen. Was mir als Ewigkeit vorkommt, verstreicht.

Und dann, plötzlich winken sie mich durch. Blicke folgen mir. Die Straße ist leer, aber in den umliegenden Grundstücken ist überall Staatssicherheit postiert. Ich gehe langsam. Die Hausnummer zu kennen ist wenig hilfreich, denn sie ist nirgendwo sichtbar. Doch dann sehe ich das Tor, an dem Aung San Suu Kyi ihre Samstagskundgebungen abhielt, bevor die Militärführung die Straße absperren ließ. Der untere Teil öffnet sich einen Spalt: „Dr. Barbara?" Ich kenne die Stimme vom Telefon. Cho Aung Than ist hoch erfreut, mich zu sehen. Er lächelt und spricht leise, als wir vom Tor aus auf das Haus zugehen, vorbei an der Bambushütte, wo Soldaten postiert sind. Selbst in Aung San Suu Kyis Garten ist das Militär präsent, angeblich zu ihrem Schutz. Sie verbringen ihre Tage damit, durchs Grundstück zu streifen, manchmal versuchen sie, durch die Fenster der Villa zu spähen oder Gesprächsfetzen aufzuschnappen. Dabei werden die Gespräche im Haus sowieso vom Geheimdienst aufgezeichnet. Daran besteht kein Zweifel.

Die weiße Farbe der Villa am Inya-See würde noch mehr abblättern, wenn sie nicht vom Moos zurückgehalten würde, das sich über das Haus ausbreitet. Der wilde tropische Garten wird nur in den Blumenbeeten gezähmt. Aung San Suu Kyi liebt Rosen. Sie steckt immer Blumen in ihren kleinen schwarzen Haarknoten, ein besonders anmutiger Schmuck, der sie noch zerbrechlicher aussehen läßt. Aber das ist nur der äußere Anschein: Sie ist nicht zerbrochen, nicht an sechs Jahren Hausarrest, nicht an der Trennung von ihrer Familie, nicht an den Hindernissen, die ihr die Militärs immer wieder in den Weg legen. Hohe Zäune umrahmen das Grundstück, an denen bunte Wimpel flattern, wie Ballons auf einem Kindergeburtstag.

Cho Aung Than führt mich ins Haus und dann in ein Zimmer im Erdgeschoß. Wenig später öffnet sich die andere Tür, und herein schreitet Aung San Suu Kyi in einer traditionellen kragenlosen, langärmeligen beigen Bluse und einem bodenlangen lindgrünen *Longyi,* der mit einem Muster aus wenigen dezenten Blättern bestickt ist. Wir setzen uns auf den etwas verschlissenen Ledersitz, der das Erkerfenster ausfüllt. Vor uns steht auf einer Froschtrommel aus dem Karen-Gebiet dampfender burmesischer Tee. Ich bin beruhigt, daß nicht nur meine Familie eine solche Tempeltrommel als Tisch mißbraucht. Sie lächelt. Die Nervositätsschmetterlinge in meinem Bauch flattern weniger hektisch. Aung San Suu Kyi hat eine wunderbare Begabung, einem das Gefühl zu geben, als wäre diese Situation die normalste der Welt. Die Soldaten und ihre Gewehre sind vergessen. Mit dem Dekorum einer Diplomatin gießt sie den Tee in die Tassen: „Tee spielt eine sehr wichtige Rolle im Privatleben der Burmesen. Eine Kanne grüner Tee, der immer wieder aufgefüllt wird, ist der Mittelpunkt so mancher angeregten Gesprächsrunde", erzählt Suu. „Treffen mit Freunden in einem Teeladen sind ein so populärer Zeitvertreib, daß der Ausdruck ‚im Teeladen sitzen' zu einer eigenen Redensart geworden ist. Im Teeladen werden Neuigkeiten ausgetauscht und, wenn es nicht zu gefährlich ist, Politik diskutiert. Der Ausdruck ‚Grüner-Tee-Kreis' bedeutet eine informelle Diskussionsrunde."

Unser Teegespräch führt uns direkt zur Politik. Teetrinken gehört zur Kultur. Und so gab man früher kein Trinkgeld in Burma, sondern Teegeld. Aber seitdem die Gehälter nicht einmal ausreichen, um das Nötigste zum Leben zu kaufen, hat sich die Bedeutung von ‚Teegeld' verändert. Jetzt steht der Begriff für ‚Schmiergeld'. Korruption hat eine traurig lange Tradition in Burma. Aber Teegeld reicht heutzutage nicht mehr aus, um bürokratische Stolpersteine aus dem Weg zu räumen. „Wieviel kostet eine Tasse Tee im Hotel", fragt mich Aung San Suu Kyi. Dort wo Touristen sich aufhalten, wird alles in Dollars abgerechnet, und meine Frühstückstasse kostete mich drei Dollar. „Der offizielle Umrechnungskurs ist 165 Kyats für einen Dollar", beginnt sie zu rechnen. An jeder Straßenecke in Ranguns Innenstadt wird einem ein Umtausch zu Schwarzmarktpreisen angeboten; obwohl es für den normalen Burmesen verboten ist, ausländische Währung zu besitzen, eröffnen die Dollarnoten doch eine Welt, die sonst nur der Führungsschicht vorbehalten ist, die mit Ausländern Geschäfte macht. „165 Kyat für einen Dollar, dann ist eine Tasse Tee 495 Kyat. Ein kleiner Beamte verdient im Monat 600 Kyat – nicht einmal genug, um eine Familie mit vier Personen eine Woche zu ernähren. Jeder ist also korrupt, um zu überleben. Ein General bekommt 5000 Kyat pro Monat – das sind zehn Tassen Tee."

Auf uns blickt von Bildern herab ihr Vater. Unter dem großen Pop-art-Porträt liegen zwei E-Gitarren: „Die gehören meinen jungen Kollegen", erklärt Suu, die meinen Blicken gefolgt ist. An der anderen Wand hängen vergilbte Photographien: Aung San mit *gaung-baung,* dem traditionellen burmesischen Turban für Männer, der, an der Seite geknotet, bei offiziellen Gelegenheiten getragen wird, strahlt seine schöne junge Frau Khin Kyi an, die so wie später ihre Tochter Blumen im Haar trägt. Auf Vaters Schoß sitzt Suu.

Ihre Erinnerungen an den Vater sind weder sentimental noch verklärt. Obwohl sie ihn verehrt und sich der Ähnlichkeiten zu ihm bewußt ist, die sie an die Spitze der Demokratiebewegung spülten, hat sie nie versucht, dies für den eigenen Machtgewinn zu mißbrauchen: „Jeder kennt meinen Vater. Ich bin sehr glücklich mit meinem Vater und habe überhaupt nichts dagegen, wenn die Leute sagen, daß ich nur da bin wegen meines Vaters. Ich respektiere ihn, liebe ihn; ich habe sein Leben und seine Arbeit studiert, und ich bewundere ihn als Führer und als Mensch. Ich bin daher sehr glücklich, einfach nur seine Tochter zu sein." Aber sie ist sich auch sehr wohl bewußt, daß ihr Aufstieg als Tochter ihres Vaters ein Zeichen für die Unreife des politischen Systems ihres Landes ist: „In Systemen, die noch jung und empfindlich sind, dominieren etablierte politische Familien. Die Tatsache, daß ich meines Vaters Tochter war, genügte für die Entscheidung vieler Burmesen, wem sie ihr Vertrauen schenken sollten." Das und die Tatsache, daß in fast drei Jahrzehnten Militärherrschaft keine neue, zivile, demokratische Politikergeneration in Burma heranwachsen konnte, nach der sich die Volksbewegung richten konnte. Aber alle kannten Aung San. Er hatte ihr Vertrauen nie enttäuscht. Deshalb vertrauen sie jetzt seiner Tochter.

Viele Anhänger Suu Kyis sehen in ihr die „Wiedergeburt" ihres Vaters. Und in gewisser Weise sehen das auch die Militärmachthaber so. Deshalb fürchten sie diese Frau. Deshalb versuchen sie, Aung San Suu Kyi zu stoppen. Hierbei mag auch die im Buddhismus stark ausgeprägte Vorstellung von der Wiedergeburt mitspielen – auch wenn die Tochter natürlich noch vor der Ermordung des Vaters geboren wurde. Der Dalai-Lama, spiritueller und weltlicher Führer der buddhistischen Tibeter, einer Volksgruppe, die mit den Burmesen eng verwandt ist, erklärte mir einst, wie sich ein Westler dieses Konzept vorstellen sollte. „Denken Sie an eine brennende Kerze", veranschaulichte der sanfte Mönch die äußerst komplexe Idee der Reinkarnation. „Stellen Sie sich vor, wie mit der Flamme dieser Kerze eine weitere angezündet wird; jetzt wird das Licht der ersten ausgeblasen, es stirbt, die Kerze erlischt; doch ihre Flamme ist auf die andere Kerze übergegangen, und diese trägt dasselbe Licht, erstrahlt mit derselben Wärme und mit demselben Glanz; und doch ist es eine andere Kerze. So kann auch der Geist eines Menschen auf einen anderen übergehen, kann in ihm wiedergeboren werden."

Hätte ihr Vater dem zugestimmt, was sie jetzt tut, frage ich Aung San Suu Kyi. „O ja, sehr sogar. Ich glaube, er hätte es gutgeheißen." – „Auch wenn er gesehen hätte, wie Sie leiden?" – „Ich glaube nicht, daß er mich als leidend gesehen hätte. Ich denke, er würde annehmen, daß ich meine Pflicht tue und daß dies Berufsrisiko ist. Wenn man in die Politik geht, muß man sich einer Menge Entbehrungen stellen." Sie bricht ab und setzt dann erneut an: „Lassen Sie mich es so ausdrücken: Er hätte die Art und Weise mißbilligt, wie diese Regierung uns zu vernichten versucht. Mein Vater war ein Mann, der an Ehre glaubte, ehrenhafte Politik. Er hätte keine Einwände gegen die Gefangenschaft erhoben, glaube ich, aber er hätte die unehrenhafte Art abgelehnt, mit der die jetzige Militärregierung versucht, die Opposition zu zermalmen. Meiner Meinung nach hätte er diesen Leuten nicht übelgenommen, daß sie gegen mich sind, aber er hätte erwartet, daß die Gegnerschaft auf ehrenhafte Weise geschieht."

„Mein politisches Leben basiert auf seinen Prinzipien. Aber wenn sich ein Problem ergibt, frage ich mich nicht, was hätte mein Vater in dieser Situation getan? Ich glaube nicht, daß er das gewollt hätte. Wenn es ein Problem gibt, dann untersuche ich es, analysiere es, bespreche es mit meinen Kollegen, und wir beschließen das, was wir für die beste Lösung halten. Und ich glaube, das ist genau das, was er gewollt hätte und was er auch getan hätte. Weil er jemand war, der an Demokratie glaubte. Er war pragmatisch. Und flexibel. Er würde versucht haben, die beste Lösung zu finden, und das wäre genau das gewesen, was er getan hätte." Wäre die Geschichte Burmas anders verlaufen, wenn er überlebt hätte? „Oh, ich glaube schon. Wenn er länger gelebt hätte, hätte er in Burma ein starkes demokratisches System errichtet, und die Armee wäre sehr, sehr professionell geblieben und sehr ehrenhaft." Ich frage nach, weil sie in dem Aufsatz über ihren Vater angesprochen hatte, daß Aung San die von ihm gegründete Armee aus der Politik hatte heraushalten wollen, sobald die Unabhängigkeit erfochten war. Das widerspräche dem Konzept, das Suharto in Indonesien etabliert hatte und das SLORC so gerne nach Burma importieren würde. „Mein Vater hätte niemals zugelassen, daß die Armee putscht", betont Suu Kyi. Darin impliziert ist, daß sie überzeugt ist, daß ihr Vater keine politische Rolle für das Militär vorsah und daß ihre jetzige absolute Macht im Staat für ihn unvorstellbar und abstoßend gewesen wäre.

SLORC versuchte, die Erinnerung an den ehrenvollen Gründer auszumerzen, stampfte Geldscheine mit Aung Sans Porträt ein: „Sie scheinen Tiere vorzuziehen . . .", witzelte Suu Kyi mit einem bitteren Unterton. Und doch können sich auch die Militärmachthaber nicht ganz von „ihrem" Helden Aung San trennen. „Sie nutzen ihn aus, ja bestimmt. Aber auf der anderen Seite nehmen sie ihm übel, daß er von den Leuten so sehr geliebt und bewundert, man könnte sogar sagen vergöttert wird." Auch von der jüngeren Generation, die erst nach seinem Tod geboren wurde. „Je mehr sie über die jetzigen Führer erfahren, desto mehr bewundern sie meinen Vater." Und auch wenn die jetzigen Machthaber versuchen, Aung San in Vergessenheit geraten zu lassen, indem keine Bücher mehr über ihn gedruckt werden, ist seine Tochter überzeugt: daß SLORC den Ruf ihres Vaters schmälern würde, „wird ihnen niemals gelingen".

Die NLD-Delegierten zogen sich aus der verfassunggebenden Versammlung zurück, die der SLORC einberief, anstatt die Wahlen von 1990 anzuerkennen. „Wir wollen nicht irgendeine Verfassung", sagte mir Aung San Suu Kyi, als ich sie Anfang 1997 besuchte. „Wir wollen eine Verfassung, die auf Gerechtigkeit und dem demokratischen Ideal beruht. Eine Verfassung ist leicht geschrieben, das kann jeder. Aber es kommt darauf an, was für eine Verfassung es sein soll und ob die notwendigen Institutionen geschaffen werden, um die Verfassung auch umzusetzen. Man kann eine wunderschöne Verfassung aufsetzen, und sie bleibt nur Papier, wenn es nicht die Institutionen gibt, die sicherstellen, daß sie auch eingehalten wird."

Als ich andeutete, sie habe ihre Parteimitglieder von den Verhandlungen abgezogen, korrigiert sie mich: „Das war die Entscheidung derjenigen, die an der Nationalversammlung teilnahmen. Ich gehörte nicht zu ihnen. Ich gehörte nicht zu den Delegierten der Nationalversammlung, weil ich damals unter Hausarrest stand und zudem mich nicht einmal zur Wahl stellen konnte. Unsere Parteidelegierten beschlossen, daß die Verfassung, die ihnen vorgelegt wurde, uns weder zu einem demokratischen politischen System führen noch zur nationalen Versöhnung beitragen würde noch vom Volk akzeptiert und respektiert werden würde. Also schrieben die, die an der Nationalversammlung teilnahmen, an das Komitee, das die Nationalversammlung zusammengerufen hatte, und legten dar, welche Änderungen zur Arbeitsweise der Versammlung nötig seien. Sie bekamen keine Antwort. Also baten sie um ein Gespräch, wie die Nationalversammlung verändert werden könnte, damit diese wirklich legitim den Volkswillen vertrete und eine Verfassung verabschiede, die vom Volk akzeptiert werden könnte. Wieder keine Antwort. Deshalb beschlossen unsere Delegierten, nicht mehr an den Sitzungen der Nationalversammlung teilzunehmen, bis ein sinnvoller Dialog über die bereits erwähnten Themen stattgefunden hat.

Daraufhin haben sie uns wegen Nichtteilnahme rausgeschmissen."

„Wir haben den Dialog nie mit Bedingungen verknüpft", betont Suu Kyi. „Ich glaube einfach, daß sie keinen Dialog wollen. Unsere Position ist, daß wir irgendwann miteinander reden müssen, weil nur so Probleme gelöst werden, und ich wiederhole das immer wieder bis zum Geht-nicht-mehr. Aber intelligente Menschen kommen schneller zum Verhandlungstisch. Weniger intelligente brauchen länger, weil sie Umwege machen, alles schleifen lassen und die Notwendigkeit des Dialogs nicht sehen wollen. Sie verursachen der Bevölkerung viel Not und Leid." Aung San Suu Kyi betont immer wieder das Ziel ihrer Bemühungen: „Wir arbeiten auf ein politisches System hin, das Gerechtigkeit sicherstellen wird, das die Sicherheit und Freiheit der Menschen garantiert. Was wir damit meinen, ist Demokratie. Wir wollen einen Rechtsstaat, in dem die Menschen sicher leben können. Ein Rechtsstaat garantiert sowohl Freiheit wie Sicherheit. Man kann nicht einfach irgend jemand ermorden. Das geht nicht. Aber wir wollen ein System, in dem Menschen ohne Belästigung so leben können, wie sie wollen, solange sie nicht die Rechte anderer verletzen."

Einsamkeit ist egoistisch

Aung San Suu Kyi hegt keine Ressentiments gegen die Militärregierung, die sie eingesperrt hat und von ihrer Familie fernhält: „Warum sollte ich ihnen etwas übelnehmen? Es ist ein Teil der Situation hier, und viele meiner Kollegen sind in viel schlimmeren Situationen als ich. Wenn sie ins Gefängnis geworfen werden, sind ihre Familien dem Militärregime ausgeliefert, und manchmal ist es schwierig für sie, damit fertig zu werden. Ich dagegen weiß, daß meine Familie sicher und frei ist."

Die Junta will die NLD zerschlagen und spalten. Ihre Mitglieder wurden verhaftet, Parteibüros im ganzen Land geschlossen, Papiere und Dokumente beschlagnahmt. SLORC war sich so sicher, daß nach Suus Verhaftung die Wahl für ihre Partei schon gewonnen sei. Als dem nicht so war, wurde die Wahl einfach nicht anerkannt. Dann folgte der Versuch, mit der Nationalversammlung eine Verfassung nach SLORCs Gutdünken durchzudrücken. Auch dieser Anlauf schlug fehl. Der dritte Versuch war Suus „Freilassung": „Es wird immer schlimmer. Ich finde, SLORC war noch nie so repressiv. Das hat mit der Tatsache zu tun, daß sie wissen, daß ihre Wirtschaftspolitik ein Reinfall war, daß sie es nicht geschafft haben, internationale Unterstützung zu finden, und daß sie weder den Rückhalt bei der Mehrheit der Burmesen noch bei den ethnischen Minderheiten gefunden haben. Das lassen sie alles an uns aus. Wann auch immer etwas schiefging, war es angeblich unsere Schuld. Das zeigt ihre Unfähigkeit, ihre Verantwortung anzuerkennen. Jedes Mal, wenn etwas schiefgeht, ist es die NLD – als regierten wir das Land!" Fühlt sie sich nicht manchmal allein? „Ich finde, Einsamkeit ist egoistisch. Wenn man weiß, daß es der Familie gutgeht, dann denkt man nicht an Einsamkeit. Wenn man niemand um sich hätte, der sich um einen kümmert oder um den man sich kümmern kann, dann fühlt man sich allein. Aber ich habe viele Menschen, um die ich mich kümmern muß und um die ich mich auch kümmere und die sich umgekehrt um mich kümmern. Also gibt es keinen Grund für Einsamkeit."

„Wir sind ständig besorgt um unsere politischen Gefangenen. Die Verhältnisse in burmesischen Gefängnissen sind so schlecht, daß sie nicht überleben können, wenn sie nicht regelmäßig von ihren Angehörigen mit Essen und Medikamenten versorgt werden. Jetzt wird den Familien nur noch ein Besuch alle zwei Wochen zugestanden. Zehn Minuten und nur zwei Mitglieder der Familie pro Besuch. Wenn SLORC besonders gemein sein will, verlegt er die Gefangenen weit entfernt von ihrem Zuhause. (Benzin ist rationiert.) Das macht es besonders schwierig. Wir haben eine soziale Unterstützungsgruppe für politische Gefangene und ihre Familien, aber es ist nicht leicht." Hinzu kommt die galoppierende Inflation, die das Leben für alle im Land schwer macht und der Korruption Vorschub leistet.

Abgeschnitten von ihren Anhängern, wie schafft sie es, daß sie den Mut nicht verlieren? „Indem ich sie politisch bilde. Das ist nicht einfach, weil uns nicht gestattet wird, irgend etwas zu publizieren. Die Regierung versucht, uns völlig von der Bevölkerung abzuschneiden. Aber wir kommen immer noch zu ihnen durch, besonders mit der Hilfe unserer Parteizellen und durch die burmesisch-sprachigen Sendungen der BBC, der VOA und *Radio Free Asia*. Die Demokratische Partei Burmas und diese ganze Revolution sind grundsätzlich ein politischer Erziehungsprozeß. Man kann keine Revolution, keine wirkliche Revolution ohne politische Bildung durchführen. Denn dann verläuft diese Revolution im Sande, auch wenn man die Regierung bildet. Selbst Revolutionen, die über Nacht erfolgreich sind und ein viel demokratischeres System etablieren als vorher, wenn die Leute nicht politisch gebildet werden, fällt das System in sich zusammen. Deshalb beschweren wir uns auch nicht die ganze Zeit, daß es so lange dauert, weil uns das die Zeit verschafft, diesen politischen Bildungsprozeß voranzutreiben. Ich sage oft zu unseren Leuten, wenn sie sich sorgen, daß es so lange dauert und ein so beschwerlicher Weg ist: Wißt ihr, wenn wir erst einmal eine demokratische Regierung haben, werdet ihr auf diese Zeit zurückblicken und sagen, das waren die guten alten Tage. Ihr werdet zueinander sagen: War es nicht nett, als wir rein und idealistisch waren? Ähnliches haben Dissidenten gesagt, zum Beispiel Osteuropäer, die jetzt Regierungsmitglieder sind und die als Dissidenten Ziegelsteine auf Baustellen geschleppt haben."

Aber wie kann man Witze machen, wenn so viele Menschen im Gefängnis sitzen? „Ich kann Ihnen versichern, daß unsere Leute im Gefängnis auch Witze machen. Und wenn sie erst einmal rauskommen, dann sollten Sie sie über ihre Erlebnisse lachen hören, selbst wenn es nichts zu lachen gibt. Es ist schwierig, das zu erklären. Ich glaube, man muß einen Sinn für Humor entwickeln, um mit der Situation fertig werden zu können. Viele von uns sind in der Bewegung, weil wir zu

Humor fähig sind. Denn grundsätzlich bedeutet einen Sinn für Humor haben auch, daß man einen Sinn für Objektivität hat. Wenn man zu subjektiv ist, kann man nicht lachen, kann man keinen Sinn für Humor entwickeln, und ich glaube, sehr subjektive Menschen könnten niemals sich in eine Bewegung wie unsere einbringen, die ein gewisses Maß an Selbstaufopferung und ein gewisses Maß an Risiko beinhaltet. Ich denke, man braucht einen objektiven Geisteszustand, um dort hereinzurauschen, wo Engel nur vorsichtig eintreten."

Während meines Besuches in Burma wurde gerade für die Ankunft des Präsidenten Indonesiens geprobt, der Burma den Eintritt zur ASEAN verschafft hat. Eine Ehrengarde war in brütender Hitze aufmarschiert. Suharto hat den burmesischen Machthabern vorgemacht, wie man den Einfluß des Militärs in der Verfassung festschreiben kann. Aber auch er gehört jetzt zu den alten Eisen der Geschichte. Es wird einsam um die Machthaber in Burma. Auch wenn sie sich einen glitzernden neuen Namen gegeben haben, den *Staats-, Friedens- und Entwicklungsrat* (SPDC), werden ihre Verbündeten immer weniger. Ihre Anzahl und ihr Einfluß sind in der asiatischen Wirtschaftskrise dahingeschmolzen. Aber ein verwundetes Tier kämpft um so brutaler ums Überleben. Der Showdown mit Aung San Suu Kyi ist vorprogrammiert.

Ende 1997 schaffte es der bekannte britische Journalist John Pilger noch einmal, zu ihr telephonisch durchzukommen (Pilger ist ein mutiger Mann, dessen Augenzeugenbericht von Zwangsarbeit an der Dschungeleisenbahn, die das Militär nach Thailand bauen läßt, ich für das Nachrichtenmagazin, für das ich damals arbeitete, angekauft und redigiert hatte). Als endlich die Leitung nach Rangun steht, ist er begeistert. Aung San Suu Kyi dankt ihm für die Bücher, die er ihr geschickt hatte: „Es ist eine wahre Freude, wieder ausgiebiger zu lesen." Er sagte ihr, sie klinge gut gelaunt und zuversichtlich, und erinnerte sich gleichzeitig an ihr Gespräch während ihres Hausarrests, in dem sie ihm anvertraute, daß sie des Nachts wach läge, krank und auf das Klopfen ihres Herzens höre. „Och, mir geht es nicht schlecht; aber ich bin verzweifelt, wie die Menschen hier behandelt werden. Die Zahl der geheimen Gerichtsverhandlungen nimmt zu; und während dieses Hohns auf die Gerechtigkeit wird den Angeklagten eine Kapuze über den Kopf gestülpt."

John Pilger fragt sie, ob sie nicht Sorge habe, in einer fürchterlichen Sackgasse zu sitzen: „Ich finde diesen Ausdruck wirklich nicht gut", antwortete sie sehr ernst. „Studenten sind wieder auf der Straße. Das ist keine Sackgasse. Widerstand gehört zum Leben der Leute, Tag für Tag. An der Oberfläche erscheint es wie ein gefrorener See; aber darunter ist immer Bewegung und Fortschritt. Es ist egal, wie stark das Regime ist. Am Ende können sie die Menschen nicht stoppen. Sie können Freiheit nicht stoppen. Unsere Zeit wird kommen."

Juli 1998

Festgesetzt

„Ich bin entführt worden. Sie haben mein Auto gestohlen", läßt Aung San Suu Kyi am Ende einer für den Juli 1998 bezeichnenden Konfrontation mit der Militärregierung durch den stellvertretenden Vorsitzenden ihrer Partei U Tin U verkünden. Sie wollte nach Pathein fahren, 100 Meilen westlich von Rangun, und dort mit ihren Parteifreunden zusammentreffen. Doch 19 Meilen außerhalb der Hauptstadt versperrte ihr das Militär die Weiterfahrt. Ihre drei Mitfahrer wurden aus dem Auto geschleift. Der weiße Wagen saß auf einer Holzbrücke fest.

Aung San Suu Kyi weigerte sich, nach Rangun zurückzukehren: Sechs Tage und fünf Nächte lang, in brütender Hitze, mit wenig Proviant und Wasser, aber mit viel Durchhaltekraft. In der sechsten Nacht klemmten zwei Polizistinnen die ermattete, aber immer noch protestierende Suu zwischen sich auf den Rücksitz des Autos, ein Soldat setzte sich ans Steuer und fuhr sie gegen ihren Willen zurück zu ihrem Haus in Rangun. Dort angekommen, betont sie: „Sobald ich wieder gesund bin, werde ich wieder versuchen, Yangon (Rangun) zu verlassen, immer und immer wieder, bis unsere Bedingungen erfüllt worden sind."

Die burmesischen Machthaber reagierten zunächst wütend. Aung San Suu Kyi habe nur versucht, die Aufmerksamkeit der in der Region versammelten APEC-Außenminister auf sich zu lenken. Was auch immer ihre Motivation war, genau das ist ihr geglückt. Beide Seiten haben lange genug versucht, sich gegenseitig zu ignorieren: Aung San Suu Kyi forderte zum Dialog auf, das Militär ignorierte die Forderung. Die NLD versuchte, wie eine „normale" Partei zu arbeiten, und ignorierte ihrerseits die Schikanen der Staatsgewalt. Aber im Juli 1998 war die Zeit des gegenseitigen Ignorierens vorbei. Ein neues Kapitel begann. Die politische Temperatur stieg um mehrere Grad, strebte dem Siedepunkt zu. Beide Seiten setzten jetzt auf Konfrontation.

Als Aung San Suu Kyi ein zweites Mal innerhalb eines Monats fast zwei Wochen lang in ihrem Wagen auf einer heißen staubigen Straße am Stadtrand von Rangun festgesetzt wird, ändert die Staatsgewalt ihre Taktik: Die Generäle lassen verbreiten, Aung San Suu Kyis „Ausflug im Wagen" sei nichts anderes als ein „Camping-Urlaub". Sie versuchen zu belächeln, daß Aung San Suu Kyi auf der Straße ausharrt, einmal sogar in einem aufgespannten Schirm Wasser auffängt, als ihr der Proviant ausgeht. Sie versuchen sie zu belächeln, als ihr Blutdruck zusammensackt und sie beinah verdurstet und sie eine Gelbsucht bekommt. In der Geschichte hat es schon einmal eine Staatsgewalt gegeben, die versuchte, sich über einen alten Mann lustig zu machen, der im Lendenschurz und Schneidersitz gewaltlos Widerstand leistete. Sie erreichte damals genau das Gegenteil, nämlich daß sie sich selbst lächerlich machte. Das Blatt des Establishments von damals, die Londoner Tageszeitung *The Times*, nennt heute Aung San Suu Kyi „Burmas Gandhi".

Der SPDC, der alte SLORC mit neuem Namen, versuchte Suus Abwesenheit von Rangun zu nutzen, um einen Dialog mit anderen Mitgliedern der NLD zu beginnen. Sie bestellten den NLD-Vorsitzenden zu einem 45minütigen, „vertrauenbildenden" Gespräch ein. Aber sie werden nicht gerne gehört haben, was er ihnen zu sagen hatte: Laßt politische Gefangene frei, sprecht mit Aung San Suu Kyi direkt und nicht durch mich, und gestattet der NLD Versammlungsfreiheit. „Die Regierung hofft ernstlich, daß die Treffen, die vergangene Woche mit der NLD begonnen wurden, fortgesetzt werden können, und wäre enttäuscht, wenn radikale und provokante Handlungen der NLD-Anführer weitere Diskussionen unmöglich machen würden", verkündete ein Offizieller des Militärischen Nachrichtendienstes. Daraufhin brach Aung San Suu Kyi nach dreizehn Tagen ihren Protest ab. Sie war besorgt, daß ihr Protest, statt die Freilassung ihrer Anhänger herbeizuführen, nur zu mehr Verhaftungen führen könnte.

Die Lady läßt nicht locker

Wie schnell man doch vergißt. Die Massaker vom 8. 8. 88 liegen zu dieser Zeit zehn Jahre zurück. Und schon hat die Anbiederungskampagne der burmesischen Militärs Früchte gezeigt. Westliche Unternehmen investieren wieder in Burma, sind nur zu bereit, die reichen Bodenschätze des Landes auszubeuten.

Aber die Situation ist 1998 nicht besser als vor zehn Jahren, bemerkt der Autor Rory MacLean. Universitäten bleiben geschlossen, weil die Machthaber erneute Studentenproteste fürchten. Politische Gefangene werden gefoltert. In den Grenzregionen werden ganze Dörfer abgebrannt und ihre Bewohner in Konzentrationslager zwangsumgesiedelt. Zwangsarbeit, Vergewaltigung und Erschießungen gehören für die ethnischen Minoritäten zum täglichen Leben. Der wirtschaftliche Niedergang wird immer rasanter, angeheizt von der asiatischen Wirtschaftskrise und einer schlechten Ernte. Der International Monetary Fund (IMF) fürchtet eine Schuldenkrise. Und Burma, einst die Reisschüssel Asiens, hängt am Tropf der UNO: Nur mit der Hilfe des Auslands kann eine Hungersnot abgewendet werden.

Burma – ein betrogenes Land: Trotz des Muts, den die Burmesen vor einem Jahrzehnt bewiesen, leben sie immer noch unter einem Militärregime. Und sie werden nicht nur vom eigenen Militär um den Reichtum ihres Landes und ihre Menschenrechte betrogen, sondern auch vom Ausland. Jedes Mal, wenn ein westliches Unternehmen einen Vertrag mit dem Regime in Rangun abschließt oder wenn ein Tourist unwissend das Land bereist, unwissend, welche wunden Hände die

Straßen gebaut haben, auf denen sein Reisebus fährt, unwissend, daß dort, wo jetzt sein Hotel steht, früher Menschen gelebt haben, die nicht freiwillig ihr Land räumten, jedes Mal, wenn das geschieht, wird die Hoffnung der Burmesen auf Veränderung erneut betrogen.

Die Generäle seien „sehr unnachgiebig und sehr unintelligent – es ist schwierig mit unintelligenten Menschen zurechtzukommen", sagte mir Aung San Suu Kyi Anfang 1997. Aber das Regime hat clever manövriert: Die Entlassung Suu Kyis aus dem offiziellen Hausarrest ermöglichte, daß Investoren aus Frankreich, Japan und den USA ins Land kamen, ohne ein allzu schlechtes Gewissen zu haben. Aung San Suu Kyi kann sich zwar nicht frei bewegen, aber das wurde erst offenkundig, als die Bilder ihres Wagens auf der Holzbrücke um die Welt gingen. Bis dahin konnte das Regime behaupten, alles sei in Ordnung. Und es wird bestätigt durch die Unwissenheit des Westens, der nur auf die schöne Frau in Rangun blickt und so die vielen politischen Gefangenen übersieht. Deshalb beschloß diese schöne Frau von Rangun im Juli 1998, mit ihrer Person auf das Schicksal dieser Gefangenen hinzuweisen. Sie weiß um die Kraft der Bilder. Und sie weiß, daß die Welt auf sie blickt.

Wenn sie ihr Anwesen verläßt, folgen ihr Scharen von Militär in Zivil – zu ihrer Sicherheit, so die offizielle Version –, um sie von ihren Anhängern abzuschirmen, sagt Suu Kyi. „Sie haben ja selbst gesehen, daß die Straße gesperrt ist und niemand hereinkommen kann", sagte sie mir. Natürlich auf ganz diskrete Weise, nicht mit Panzern, damit die Touristen, die SPDC eingeladen hat, nicht verschreckt werden: „Aber niemand kann ohne ihre Genehmigung kommen. Nicht einmal Burmesen – besonders die versuchen sie am Kommen zu hindern."

Sie hat immer noch einen enormen Einfluß auf die Meinung des westlichen Auslands. Aber sie macht es ihnen nicht leicht: Besonders die Regierung ihres früheren Gastlandes Großbritannien wird aufs Korn genommen. Premier Oil, der größte britische Investor in Burma, steht an der Spitze eines

Konsortiums, das eine Pipeline von Yetagun, wo sich Erdgasvorkommen befinden, nach Thailand bauen will. Der andere Partner in diesem Unternehmen war Texaco, bis der öffentliche Druck in den Vereinigten Staaten die amerikanische Firma zum Umdenken zwang. Jetzt arbeitet Premier Oil mit Myanmar Oil & Gas Enterprise zusammen, dem burmesischen Staatsunternehmen. In einer Botschaft, die aus dem Land geschmuggelt wurde, beschuldigt Aung San Suu Kyi Premier Oil, „nicht nur die Militärregierung finanziell zu unterstützen, sondern ihr auch moralische Unterstützung zu liefern und so der Demokratie einen schlechten Dienst zu erweisen".

„Ich finde, die internationale Gemeinschaft sollte der Resolution der UNO-Generalversammlung mehr Aufmerksamkeit schenken und sich mehr bemühen, daß sie auch umgesetzt wird", sagte sie mir während unseres Gesprächs im Februar 1997. „Es bringt nichts, eine Resolution zu verabschieden und sich dann zurückzulehnen und zu denken: Wir haben unsere Pflicht getan. Man muß sie auch umsetzen." Aung San Suu Kyi verschwindet in ihr Zimmer. Während ich im Eingang warte, bemerke ich ein Bild der ehemaligen UN-Botschafterin der Vereinigten Staaten. Darunter steht: „Suu, wir denken an Dich, Madeleine." Die Unterzeichnende setzt später als Außenministerin der USA ein Handelsembargo gegen Burma durch, das Aung San Suu Kyi immer angemahnt hatte.

Als Aung San Suu Kyi im Juli 1998 daran gehindert wird, nach Pathein zu fahren und gegen ihren Willen nach Rangun zurückgebracht wird, ist Madeleine Albright wieder zur Stelle. Die amerikanische Außenministerin, die sich zu diesem Zeitpunkt in Sydney aufhält, beschuldigt die burmesischen Machthaber, eine „Politik der Verneinung und nicht des Dialogs" zu verfolgen. „Heute wurde Aung San Suu Kyi ihr fundamentales Menschenrecht versagt, sich frei in ihrem eigenen Land zu bewegen."

Doch andere alte Bekannte beginnen, Aung San Suu Kyis harte Haltung in Frage zu stellen: „Trotz all meiner Bewunderung für Suu Kyi zweifle ich doch, ob sie recht hat, Touristen zu sagen, sie sollten nicht kommen", schreibt Alistair Horne, ein Freund aus Oxford-Tagen im englischen Magazin *Prospect*. „Offene Fenster lassen Luft und Licht herein. Ich habe andere Länder mit ekelhaften Regimen besucht und über sie geschrieben – von Pinochets Chile bis zu Honeckers DDR –, und wo sind die jetzt? Eine Anhängerin der Lady in Mandalay lieferte einen weiteren Grund, warum Sanktionen abzulehnen seien: ‚Wenn der Westen sich zurückzieht', sagte sie, ‚werden die Chinesen einspringen.' Ihre Furcht bewahrheitete sich: Eine Woche nachdem die USA Sanktionen verhängt hatten, schlossen China und Burma ein Abkommen über den Ausbau des Irawadi-Flusses."

Die Generäle hoffen, mit der Zeit einen Keil zwischen Aung San Suu Kyi und ihre Anhänger zu treiben, deren Widerstandskraft durch jahrelange Unterdrückung geschwächt ist. Sie setzen auf solche Leute wie Ma Thanegi, eine ehemalige Mitarbeiterin Suu Kyis, die drei Jahre in Burmas berüchtigtem Insein-Gefängnis zubrachte und jetzt der *Far Eastern Economic Review* sagte: „Aung San Suu Kyis Ansatz ist hochmoralisch und kompromißlos und inspiriert die Phantasie der restlichen Welt. Leider kommt er uns teuer."

Propaganda und Gegenpropaganda

Die Nachrichtenagentur *Associated Press* meldete, die Regierung Burmas habe Berichte dementiert, wonach siebzehn hohe Offiziere, die zu einem Dialog mit Aung San Suu Kyi bereit gewesen sein sollen, festgenommen worden seien. Diese Gerüchte seien ein Teil der Propaganda der NLD.

Das Militär läßt dagegen immer wieder verbreiten, daß nur die Person Aung San Suu Kyis dem Fortschritt im Wege stehe. Die Generäle würden niemals, so heißt es, in einen Dialog mit ihr eintreten, eine Botschaft, die jetzt auch von Teilen der NLD aufgegriffen worden ist. Man munkelt, U Kyi Maung habe als Vertreter der NLD im geheimen solchen Gesprächen mit seinen ehemaligen Kollegen, den Generälen, aber ohne

Aung San Suu Kyi zugestimmt. Unklar ist, ob er dies im Auftrag der *Daw* getan hat – schließlich hatte sie immer die Generäle zum Dialog mit den gewählten Vertretern der NLD aufgefordert – oder ob er im Alleingang handelt. Burmas Geschichte ist voller Figuren, die die Macht in die eigenen Hände nahmen. Aung San wurde von einem solchen Mann ermordet: U Saw war der Meinung, daß ihm und nicht dem populären Aung San das Amt des Premierministers zustehe. Ist U Kyi Maung eine ähnliche Figur?

Aung San Suu Kyi hat ihm in ihren *Briefen aus Burma* ein Kapitel gewidmet. Und sie hat immer wieder betont, daß sie nicht das einzige Gesicht der NLD ist, daß sie kein politisches Amt oder Macht anstrebe und daß ihr einziges Ziel die Wiedereinführung der Demokratie und die Anerkennung der Wahlen von 1990 sei, die die NLD mit überwältigender Mehrheit gewann. U Kyi Maung, so schreibt sie, hat eine lange Geschichte des persönlichen Engagements für die Unabhängigkeit und Freiheit der Menschen Burmas. Vor sechs Jahrzehnten marschierte er schon an der Spitze einer Studentendemonstration und forderte die Unabhängigkeit von den britischen Kolonialherren.

U Kyi Maung schloß sich der Burmesischen Unabhängigkeitsarmee unter Aung Sans Führung an. Zusammen mit dem späteren General Ne Win. Doch als überzeugter Anhänger einer unpolitischen, professionellen Armee lehnte U Kyi Maung den Militärputsch seines ehemaligen Kameraden Ne Win 1962 ab. Dieser konnte keine Kritik ertragen, und U Kyi Maung wird 1963 aufgefordert, seinen Abschied zu nehmen und das Kommando über die Truppen im Südwesten aufzugeben.

In dem Vierteljahrhundert als „Rentner" wurde er zweimal für insgesamt sieben Jahre inhaftiert. Der Verdacht, er plane eine Opposition zur Herrschaft des Militärs brachte ihn hinter Gitter. Und der Verdacht genügte. Kurz nach Beginn der Demokratiebewegung im Jahr 1988 wurde er erneut inhaftiert. Diesmal wurde er allerdings kurz darauf wieder freigelassen. Im September 1988 gehörte er zu den zwölf Mitgliedern des neu gegründeten Exekutivkomitees der NLD.

„Als U Tin U und ich im Juli 1989 unter Hausarrest gestellt wurden", schreibt Aung San Suu Kyi, „entschied sich das Exekutivkomitee der NLD für eine kollektive Führung der Partei. Aber es wäre nicht falsch zu sagen, daß U Kyi Maung der Mann war, der die Partei zu ihrem überwältigenden Sieg in den Wahlen im Jahr 1990 führte. Nach den ersten paar Wochen der Euphorie begannen die Menschen Burmas zu vermuten, daß die Machthaber nicht vorhatten, die Ergebnisse anzuerkennen. Die schlimmsten Befürchtungen bewahrheiteten sich, als U Kyi Maung im September 1990 verhaftet, vor ein Militärgericht gestellt und zu zwanzig Jahren verurteilt wurde. Man ließ ihn allerdings schon im März 1995 wieder frei." Ist der alte Mann jetzt nach vielen Jahren des Kampfes müde? Haben sie ihm den Mut und die Durchhaltekraft genommen, die er in sechs Jahrzehnten des Einsatzes für Demokratie und Freiheit bewiesen hat? Will er Fortschritte erzielen, bevor es für ihn zu spät ist, und ist er deshalb bereit, Kompromisse zu machen?

Irgendwie scheint es nicht zu U Kyi Maung zu passen, daß er Aung San Suu Kyi in den Rücken fallen würde. „Suu ist für mich wie eine Tochter", hat er einmal gesagt. Und: „Suu braucht jede nur erdenkliche Hilfe." Er hat immer wieder betont, daß er selbst keine politischen Ambitionen habe: „Ich habe zu meinen Mitstreitern gesagt: ‚Es ist ein Spiel, und wir sind die Spieler. Wir wollen es ohne Profilierungssucht spielen – ohne Mätzchen. Wenn euch meine Entscheidung so, wie ich sie begründet habe, nicht gefällt und ihr nicht dafür seid, wenn ihr unzufrieden damit seid, wenn ihr wollt, daß ich gehe, na gut, dann verlasse ich die Liga.'" Dieser Mann scheint nicht derjenige, der die Demokratiebewegung verraten könnte. Aung San Suu Kyi tut dies alles als Flüsterpropaganda ab: „Ich werde ärgerlich, wenn Leute sagen: ‚Na, was tut ihr denn? Ihr tut ja gar nichts.' Wenn wir nichts tun würden, hätten wir nicht so viele Leute im Gefängnis. Für Mitglieder der NLD ist das Leben in Burma heutzutage sehr gefährlich. Sie können jederzeit verhaftet werden." Auch sie, ebenso wie U Kyi Maung.

„Wie kann man ein Parlament zusammenrufen, wenn keine Verfassung existiert", ließ der SPDC in einer erstaunlichen Umkehrung der Tatsachen verkünden, als die NLD die Einberufung des 1990 gewählten Parlaments zum 21. August 1998 forderte. „Die Forderung nach der Konstituierung des Parlaments klingt, als ob man einen Kahlkopf zwinge, seine Haare zu färben."

Abgesehen von den zynischen Worten reagiert die Staatsgewalt genauso wie im Mai und September 1996, als die NLD zum 6. Jahrestag der Wahlen, deren Ergebnis nie anerkannt wurde, erst eine Konferenz und dann später einen *All Burma Party Congress* einberief: Verhaftungen, Verhaftungen und immer mehr Verhaftungen. Zwischen Mai und September 1998 werden 783 Menschen aus politischen Gründen in Gewahrsam genommen, darunter 196 gewählte Abgeordnete von 1990. Zwei Jahre früher hatte Aung San Suu Kyi gesagt: „Die Staatsgewalt hat Angst, daß wir ein Parlament einberufen." Und genau das wollen sie jetzt tun. Auch wenn das Militär alle verhaften läßt, die kommen wollen.

„Wenn die Probleme des Landes rein politisch wären, könnten die Generäle damit fertig werden", zitiert die *Financial Times* einen SPDC-Beobachter und Burma-Experten. „Aber sie waren nicht in der Lage, die paar Jahre wirtschaftlichen Fortschritts zu ihren Gunsten zu nutzen." Persönliche Habgier wurde befriedigt, und einige wenige sind in Burmas Mini-Boom sehr reich geworden. Sie versuchten, alles ans Ausland zu verscherbeln, was Burma zu bieten hat: Drogen, Edelsteine und Öl. Doch die Deals, die die Generäle mit Anführern der ethnischen Minderheiten machten und die im Austausch für einen Waffenstillstand Drogenbarone wie Khun Sa als angesehene Geschäftsleute nach Rangun brachten, sind in dem neuen frostigen Klima der asiatischen Wirtschaftskrise auf Grund gelaufen. In diesem neuen wirtschaftlichen Umfeld haben die Generäle ihre Versprechen an die ethnischen Minderheiten nicht halten können, ihnen mehr Autonomie zu gewähren und sie an der Ausbeutung der Bodenschätze in ihren Gebieten zu beteiligen. Und somit könnte die Einladung der NLD an die ethnischen Minderheiten, Repräsentanten in das von der Nationalen Liga für Demokratie zusammengerufene Parlament zu senden, plötzlich offene Ohren finden. Eine Allianz zwischen den nicht-burmesischen Gruppen und der NLD wäre genau das, wie die *Financial Times* es ausdrückt, was das Regime am meisten fürchtet.

Hinzu kommt, daß zehn Jahre, nachdem Studenten die Demonstrationen gegen Willkürherrschaft und Mißwirtschaft anführten, jugendliche Anhänger wieder bereit sind, für die Demokratie auf die Straße zu gehen. Am 24. August kamen sie zu Hunderten zusammen und boten der geballten Staatsmacht die Stirn. Noch sind sie Anhänger von Aung San Suu Kyi und ihren gewaltlosen Prinzipien. Und die meisten entkamen, als die Truppen zum Sturm ansetzten. Sie werden sich wieder versammeln, und dann kann niemand außer vielleicht Aung San Suu Kyi garantieren, daß sie nicht zu Waffen greifen werden. „Die Studenten der Universität von Rangun haben eine Tradition sozialen Bewußtseins und politischen Aktivismus' etabliert, die bis zu den Kolonialzeiten zurückreicht, als sie in der Unabhängigkeitsbewegung führend waren", schrieb Aung San Suu Kyi in ihrem letzten *Brief aus Burma*. „Jahre der autoritären Herrschaft mögen das politische Bewußtsein unserer jungen Leute abgestumpft haben, aber sie konnten die Instinkte nicht ausrotten, die sie nach Gerechtigkeit und Freiheit streben ließen. Wenn die Studenten unruhig sind, sollte die Obrigkeit versuchen, die Übel zu beseitigen, die die Wurzel dieser Unruhe sind. Proteste der jungen Leute spiegeln häufig eine generelle Malaise in der Gesellschaft wider."

Statt auf ihre Warnung zu hören, wurde am 8. September 1998 eine Meldung an die Nachrichtenagenturen gegeben, ein offizieller Sprecher des burmesischen Obersten Gerichts habe die Militärregierung gebeten, Aung San Suu Kyi des Landes zu verweisen. Der nicht mit Namen genannte Anwalt beschuldigte die Friedensnobelpreisträgerin der Aufwiegelung: „Daw Suu Kyi hat schamlos versucht, das Land zu zerstören, indem sie bewußt Probleme schafft. Ich wende mich im Namen der Bevölkerung an die Regierung: Es ist höchste Zeit, sie auszuweisen und dahin zurückzuschicken, wo sie hingehört." Die Tatsache, daß kein Name genannt wurde, beweist, daß sich kein Rechtsgelehrter finden ließ, dem die Regierung diese Worte in den Mund hätte legen können. Jeder Anwalt hätte gewußt, daß keine Regierung eine Staatsbürgerin des eigenen Landes ausweisen kann und daß keine fremde Regierung eine solche Ausgewiesene aufnehmen würde, wenn diese nicht um politisches Asyl nachsucht. Deshalb fabulierte die staatseigene Zeitung *Mirror Daily* weiter und ließ Anwalt X alte Kamellen wiederholen: „Sie ist unzweifelhaft eine Ausländerin (da sie einen Briten geheiratet hat), und der britische Konsul würde offensichtlich ihretwegen intervenieren, wenn sie der Volksverhetzung beschuldigt würde. Deshalb wäre es das Beste, wenn man sie (als souveräner Staat) gleich abschieben würde."

Aung San Suu Kyi hat das Ausland niemals darum gebeten, sich für sie persönlich einzusetzen. Sie hat auch nie für sich bei einer Schutzmacht um politisches Asyl nachgesucht. Selbst internationale Preise, wie den Friedensnobelpreis 1991, hat sie im Namen aller Burmesen angenommen, die für die Demokratie kämpfen: „Ich glaube, der Preis hat uns geholfen, für unsere Bewegung eine Menge internationaler Aufmerksamkeit zu gewinnen", sagte sie mir Anfang 1997. „Und er hat SLORC sehr geärgert, aber die sind sowieso immer verärgert. Er hat die Temperatur hier ein paar Grad angeheizt." Würde sie jemals ihr Land verlassen und den Widerstand vom Ausland aus weiterführen, fragte ich sie. „Nein", antwortet sie sehr resolut. SLORC hat ihr mehrfach angeboten, sie könne ins Exil gehen. „Ich werde Burma niemals verlassen."

Michael Aris nahm im Herbst 1998 die Gelegenheit der Verleihung einer Ehrendoktorwürde der Universität Melbourne an seine Frau wahr, um sein übliches Schweigen zu brechen. Der Anblick seiner Frau im Wagen auf der Holzbrücke, die Nachrichten eines Streiks und der Studentenunruhen, aber auch die immer rasender erscheinende Verhaftungswelle läßt den Professor vermuten, daß die Entwicklung in Burma ihrem Höhepunkt zustrebt. Und der sonst so sanftmütige Riese findet deutliche Worte, er spricht von der „überquellenden Kloake offizieller Beschimpfungen", die seiner Meinung nach seiner Frau nichts anhaben kann: „Suu ist von der Gewißheit beflügelt, daß ihr Land nur dann gedeihen kann, wenn die Hand der Furcht von der Schulter der Menschen genommen ist und ihre Talente sich frei entfalten können. Und sie glaubt, daß dies nur geschehen kann, wenn alle ihre Differenzen beiseite legen, um eine zivile Regierung zu etablieren, die auf dem Willen des Volkes basiert. Das ist ein erreichbares Ziel", meint er. „Die Tatsache, daß so viele, innerhalb und außerhalb Burmas, diese ihre Überzeugung teilen und Suu beistehen, hat sie ein ganzes Jahrzehnt des ununterbrochenen Kampfes durchstehen lassen ... Suu und ihre Anhänger haben so viel aufgegeben: die Bequemlichkeiten und die Sicherheit einer Familie, all die Genüsse eines einfachen Lebens – all das haben sie dem Frieden geopfert. Wenn es eine Lehre gibt, die man aus der Geschichte ziehen kann, dann ist es diese: Wer den Frieden wirklich will, muß etwas dafür aufgeben. Welche Machtbefugnisse ist die Armee bereit für den Frieden und das Allgemeinwohl aufzugeben? Wird sie den Mut dazu haben? Ich glaube schon, aber die Frage ist nur wann. Möge es bald sein, zum Wohle aller."

Als Quellen benutzte Literatur

Aung San Suu Kyi: Freedom from Fear, Penguin Books, London 1995

Aung San Suu Kyi: Letters from Burma, Penguin Books, London 1996

Aung San Suu Kyi: Der Weg zur Freiheit. Gespräche mit Alan-Clements, Gustav-Lübbe-Verlag, Bergisch Gladbach 1997

Kin Oung: Who Killed Aung San?, White Lotus, Bangkok 1996

Josef Silverstein: The Struggle for National Unity in the Union of Burma, Cornell University, Ph. D., 1960

Mi Mi Khaing: The World of Burmese Women, Zed Books, London 1984

U Maung Maung: Burmese Nationalist Movements, Kiscadale Publications, Edinburgh 1989

Rory MacLean: Under the Dragon: Travels in a Betrayed Land, London 1998

Louise Williams: Wives, Mistresses and Matriarchs – Asian women today, Weidenfeld & Nicolson, London 1989

Barbara Schwepcke: Töchter Asiens. Frauen zwischen Herrschaft und Anpassung, Europaverlag, München, Wien 1998

Zeitschriften

Cultural Survival Quarterly, Vol. 13, 1989, Nr. 4: Burma – In Search of Peace, amnesty international: Myanmar, November 1990

Zeittafel

19. Juni 1945	In Rangun geboren.
19. Juli 1947	Aung San wird ermordet. Die Veschwörer werden vor Gericht gestellt und später gehängt.
1952	Suus älterer Bruder ertrinkt vor ihren Augen.
1960	Daw Khin Kyi wird Botschafterin in Delhi. Aung San Suu Kyi geht dort auf die höhere Schule.
1964–67	Studium am St. Hugh's College, Oxford.
1968–71	Arbeit bei den Vereinten Nationen in New York:
1969–71	im Stab des *Advisory Committee on Administration and Budgetary Questions.*
1. Januar 1972	Heirat mit Michael Aris. Die Eheleute leben zunächst in Bhutan.
1973	Myint San Aung (Alexander) wird in Bhutan geboren.
1975	Die Familie kehrt nach Oxford zurück, wo Michael Aris eine Professur für Tibetologie übernimmt.
1977	Geburt von Htein Lin (Kim) in Oxford. Beide Söhne haben burmesische Pässe.
1986	Forschungsstipendium an der Universität Kyoto, Japan.
1987	Forschungsarbeit in Simla, Indien.
31. März 1988	Aung San Suu Kyis Mutter Khin Kyi erleidet einen schweren Schlaganfall. Ih-

	re Tochter eilt nach Rangun, um sie zu pflegen.Der Protest gegen die wirtschaftlich katastrophale Lage und die repressive Politik des Militärdiktators Ne Win äußert sich in landesweiten Demonstrationen. Universitäten werden geschlossen, es kommt zu einem Generalstreik, das Kriegsrecht wird ausgerufen. Am 8. 8. 88 finden Hunderte von Demonstranten den Tod, als die Staatsmacht zuschlägt.
26. August 1988	Aung San Suu Kyi spricht zu einer riesigen Menschenmenge, die sich an der Schwe-Dagon-Pagode versammelt hat.
24. September 1988	Die Nationale Liga für Demokratie (NLD) wird gegründet. Aung San Suu Kyi wird ihre Generalsekretärin.
27. Dezember 1988	Khin Kyi stirbt. Als sie sechs Tage später beigesetzt wird, erweisen ihr Hunderttausende die letzte Ehre.
1989–1995	Aung San Suu Kyi wird unter Hausarrest gestellt.
27. Mai 1990	Die NLD gewinnt bei freien Wahlen 392 von 485 Mandaten. Die Ergebnisse werden niemals offiziell anerkannt.
1990	Thorolf Rafto Memorial Prize for Human Rights.
1991	Auszeichnung mit dem Friedensnobel- und dem Sacharow-Preis.
April 1992	General Saw Maung wird gestürzt; neuer Vorsitzender des SLORC wird General Than Shwe. Im folgenden Jahr ruft die Militärregierung einen Nationalkonvent ins Leben, dessen Aufgabe die Ausarbeitung einer neuen Verfassung ist. Das Militär nominiert allein

	600 von den insgesamt 700 Delegierten.
10. Juli 1995	Aung San Suu Kyis Hausarrest wird aufgehoben. Suu nimmt sofort die Parteiarbeit wieder auf. Beginn der Wochenendansprachen.
27. Mai 1996	Konferenz zum Jahrestag der Wahlen von 1990.
26. September 1996	Die Staatsgewalt läßt die University Avenue zum ersten Mal sperren. Die Sperren wiederholen sich und dauern immer länger.
9. November 1996	„Operation Anarchie" beginnt: Schlägertypen greifen Aung San Suu Kyis Wagen an.
Juli/August 1998	Zweimal versucht Aung San Suu Kyi Rangun im Wagen zu verlassen, um ihre Anhänger aufzusuchen, die verhaftet worden sind. Ihr Wagen wird gestoppt, und sie harrt einmal sechs und das andere Mal dreizehn Tage im Auto aus.